アフターコロナ時代の社会人マナー100

1分でわかる！
仕事の基本とビジネスマナー

ビジネスのしくみ研究会・編著

JN003064

自由国民社

ごあいさつ

社会人になって仕事の基本やビジネスマナーについて学ぶとき、まず渡されるのは「この場合はこうしなさい」といったマニュアルです。でも、マニュアルには「なぜこうしなければならないのか」とか、「こんなムダなことを本当にやらなきゃならないのだろうか」といった疑問に答えてくれることはほとんど書いてありません。

たとえば、あなたが営業に配属されたとき、最初に言われるのは「最低でも給料の３倍稼ぎなさい」といった言葉です。でも、それがどうしてなのか、根拠を数字で示して説明してくれる上司や先輩はあまりいません。その人たちもみんな、上司や先輩からなんとなく言われてきたことだからです。

職場にもよりますが、あなたが人から仕事を引き継ぐ場合、分厚い資料やマニュアルを渡されます。でもそこには大事なことはほとんど書かれていません。それはそうです。仕事で大事なのは、画一的なマニュアルに書かれていることではなく、マニュアルにないこと、「暗黙知」と言われる「仕事のコツ」の部分だからです。

この本には、そのような「なんとなく常識として伝えられているけど、はっきりとは言われていない仕事の基本」をきちんと言葉にして伝えることを目的としています。そして、職場にありがちな「理由はわからないけどなんとなく続いているムダなルール」をなるべくしなくてすむような仕事の常識について説明します。だから、本当に必要なことしか書かれていません。

何かの合間で構いません。1日1分だけこの本にお付き合いください。それだけであなたは仕事の本質に一歩近づくことができるのです。

ビジネスのしくみ研究会

1分でわかる！

仕事の基本とビジネスマナー

もくじ

第2章

1分でわかる！

身だしなみの基本

第3章

1分でわかる！

第4章

1分でわかる！

第9章

第10章

1分でわかる!

仕事のノウハウ（テレワーク編）

おわりに

人生の利益とは

本書の読み方

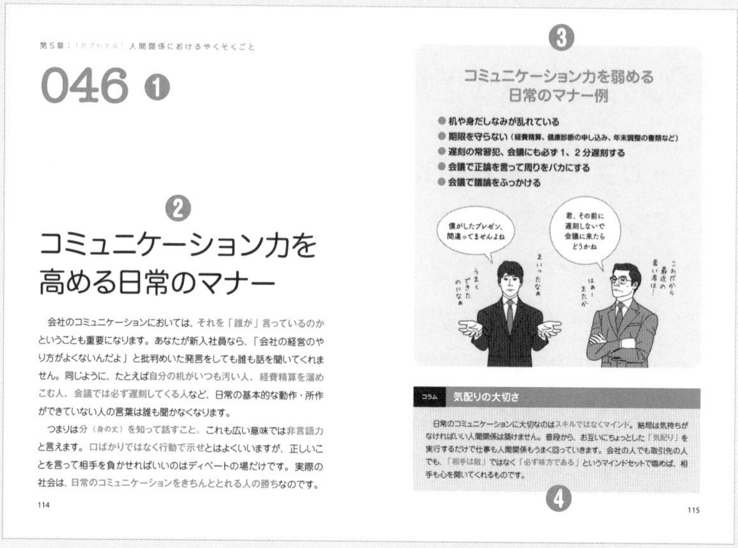

第5章：1分でわかる！人間関係におけるやくそくごと

046 ❶

❷

コミュニケーション力を高める日常のマナー

会社のコミュニケーションにおいては、それを「誰が」言っているのかということも重要になります。あなたが新入社員なら、「会社の経営のやり方がよくないんだよ」と批判めいた発言をしても誰も話を聞いてくれません。同じように、たとえば自分の机がいつも汚い人、経費精算を溜めこむ人、会議では必ず遅刻してくる人など、日常の基本的な動作・所作ができていない人の言葉は誰も聞かなくなります。

つまりは分（身の丈）を知って話すこと。これも広い意味では非言語力と言えます。口ばかりではなく行動で示せとはよくいいますが、正しいことを言って相手を負かせればいいのはディベートの場だけです。実際の社会は、日常のコミュニケーションをきちんととれる人の勝ちなのです。

114

❸

コミュニケーション力を弱める日常のマナー例

- 机や身だしなみが乱れている
- 期限を守らない（経費精算、健康診断の申し込み、年末調整の書類など）
- 遅刻の常習犯、会議にも必ず1、2分遅刻する
- 会議で正論を言って周りをバカにする
- 会議で議論をふっかける

コラム　気配りの大切さ

日常のコミュニケーションに大切なのはスキルではなくマインド。結局は気持ちがなければいい人間関係は築けません。普段から、お互いにちょっとした「気配り」を実行するだけで仕事も人間関係もうまく回っていきます。会社の人でも取引先の人でも、「相手は敵」ではなく「必ず味方である」というマインドセットで臨めば、相手も心を開いてくれるものです。

❹

115

❺

かんたんチェック！

自分の立ち位置を把握するための書き込みノート

コロナ禍でのあなたとあなたの会社の現在の状態を考えてみましょう。

- あなたの会社・仕事はテレワークに対応できていますか？
- あなたの会社にはコロナ後の雇用不安はありませんか？
- あなたの会社ではコロナ後の方針は掲げられているでしょうか？
- あなたは引きこもってませんか？ 精神的に病んでいませんか？

22

本書はビジネスに必要と思われるマナーを100項目厳選して掲載しています。最初から通して読んでも、気になる項目を拾い読みしてもかまいません。繰り返し目を通すことで、あなたのビジネスマナーの向上にお役立て下さい。

❶ 100項目の通しナンバー

❷ ビジネスマナーの解説本文

❸ 図やイラストを使った説明

❹ コラムが入るページもあります

❺ 章の終わりにかんたんなチェックリストを掲載しました。自分の立ち位置を客観的に把握するためにも、少し立ち止まって考えてみましょう。

はじめに

アフターコロナ時代、会社はどう変わるのか？

新型コロナウイルスの影響によって、
私たちは突然、在宅勤務、テレワークが
当たり前の状況に立たされました。
アフターコロナの時代に
私たちはどのような常識を身につけるべきでしょうか。

001

アフターコロナ時代に何が変わるのか？

新型コロナウイルスの影響によって、私たちは突然、在宅勤務、テレワークが当たり前の状況に立たされました。テレワークは私たちの働き方を大きく変え、**通勤時間のストレス**をなくし、休み時間を有効に使えるなど、時間の使い方という面で大きなメリットを与えた反面、**オン・オフの切り替えの難しさ**や**コミュニケーション不足**などの課題も出てきています。会社側としては、これまで社員の**業務時間や勤務態度でなんとなく測っていたものさしがなくなり**、人事評価がしにくくなっているというデメリットが浮き彫りになっています。では、アフターコロナの時代に私たちはどのような常識を身につけるべきでしょうか。

テレワークで変わる働き方

基本一人で作業!?

チームでやる作業が極端に減る。自由？ストレス？

残業がなくなる!?

「いるだけ社員」の評価は下がる一方？成果主義へ？

ハンコがなくなる!?

ハンコを押す人が減る!?ハンコ文化が風前の灯？

002

仕事の成果を測るものさしが変わる!?

日本企業の多くはこれまで、**仕事の成果を時間で測る**文化にどっぷり浸かっており、**労働生産性**を度外視してきました。仕事をしていてもしていなくても、「9時から5時まで勤務さえしていればいい」というルールで成り立っていたのです。ところが、在宅勤務、テレワークによって、**会社にいることが仕事だった時代**は突然終わりを迎え、自らやった仕事とその成果を、自分で会社（上司）に証明、アピールしなければならない時代がやってきたのです。アフターコロナ時代のあなたの評価は、これまで以上に「何をしたか」でなく、**期日までにどれだけ成果をあげたか（成果物）**であり、さらに**誰がみてもわかるような仕事であること**が重要になります。

「時間」中心から「成果物」中心へ

これまでの評価

定時出勤 ＋ 残業時間 ＋ サボらないこと

（＋成果物）

↓

これからの評価

営業担当者	「どれだけ受注が取れたのか」 「利益率は高いか」
経理担当者	「何枚伝票処理をしたのか」 「ミスはなかったか」
システム開発担当者	「期日内にシステムを稼働させたか」 「プログラムにミスはないか」

003

「ムダな仕事」が明らかになる

コロナ後、日本の某巨大企業の経営者は自らの巣ごもり生活を振り返って、「移動時間80％減、接触人数85％減、会議時間30％減、会議資料50％減、余った時間を未来への投資に回す」と語り、大きな話題となりました。つまり、会社には**時間が長い割には結論の出ない会議**や、その会議にしか使わないような**山積みの資料づくり**、仕事の本筋とは関係のない**数多くのメールの処理**に膨大な時間と手間を割いていることに改めて気づいたのです。こうした利益を生まない割に負荷がかかる**仕事のための仕事**はこれまでも課題となっていましたが、人と人との接触をなるべく避け、時間の使い方を改めて見直して合理的に成果をあげていくというコロナ後のミッションにおいては、そんな「ムダな仕事」のそぎ落としがどんどん広がっていくと思われます。

「やっているようにみえる」ことが重要

会議のムダ

議題のない定例会議、結論のでない会議、資料を読み上げるだけの会議、時間がやたら長い会議、「会議を開くことが大事」な会議、上司の自己満足会議 など

「ムダな会議」による企業の損失は年間15億円という試算も！

資料づくりのムダ

社内会議のための資料、上司のためだけの報告資料、つくることが目的になっている資料 など

1時間の役員会議のための資料づくりになんと60時間！

メールのムダ

社内連絡がほとんどのムダメール、やたらと長いメール、CCが多すぎて誰のメールかわからないメール など

CCが多すぎて、誰のメールかわからない!?

004

中間管理職がいなくなる？

テレワークを阻むものとして取り沙汰されたのがハンコです。せっかくテレワークが成立しているのに、書類の押印のためだけに出社するというのが問題になったのです。契約書や請求書、社内の稟議書など、企業間の1回の取引で必要になる押印は10回とも20回ともいわれていますが、今後脱ハンコの機運は高まっていくことでしょう。ただ、減るのはハンコだけではありません。「ハンコを押す人」も必要がなくなるといわれています。リモート体制が進むことによって、上級管理職が直接、部下の活動状況や成果の把握をすることが普通になり、これまで、**部下の管理や書類への承認印のために存在していたような管理職**が必要なくなるといわれています。こうして中間管理職が淘汰され、これまでの**ピラミッド型組織**が、上級管理職と平社員たちの二層だけという**文鎮型組織**に変わりつつあります。

変わりつつある組織のカタチ

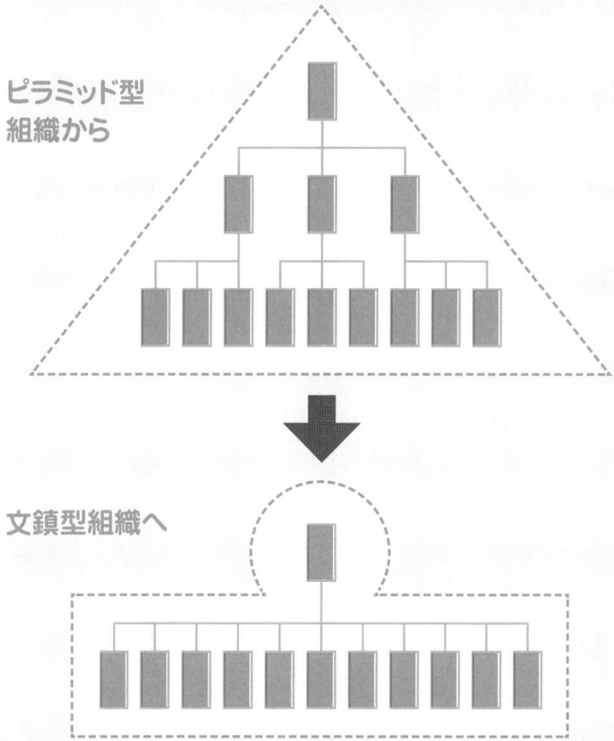

かんたんチェック！

自分の立ち位置を把握するための書き込みノート

コロナ禍でのあなたとあなたの会社の現在の状態を考えてみましょう。

● あなたの会社・仕事はテレワークに対応できていますか?

● あなたの会社にはコロナ後の雇用不安はありませんか?

● あなたの会社ではコロナ後の方針は掲げられているでしょうか?

● あなたは引きこもってませんか? 精神的に病んでいませんか?

第1章

1分でわかる！
会社に対する心構え

会社員は会社に労働力を提供することによってお金を稼ぐ存在です。
そして会社とは、その労働力を使って生産物をつくり、
消費者に売って利益を生み出す存在です。
会社の売上・利益とあなたの給料との関係を知ることは
とても重要なことです。

005

「サラリーマン」とは何か？

「サラリーマン」とは「給料」（salary）と「男」（man）をあわせた和製英語で、給料生活者を意味します。定義としては**会社に労働力を提供してお金をもらって生活する**存在です。ただ、「サラリーマン」という呼び名には昔からの「くたびれた」「疲れている」「社畜」といったマイナスイメージがつきまとっていたため、ある時期から**ビジネスマン**という言葉に言い換えられました。そして近年は「マン」が男性に限定される言葉であることから、女性差別とならないよう**ビジネスパーソン**と呼ぶのが一般的になりました。

現在でも、マイナスのニュアンスのときは「サラリーマン」、プラスのときは「ビジネスパーソン」と使い分けられますが、結局は両方とも**労働力を提供してお金をもらう労働者階級**であることに違いはありません。

3つの働き方

	正社員	非正規雇用	フリーランス
お金を支払う	会社	会社（派遣会社）	お客
対価	労働時間・成果物	労働時間	商品・成果物
雇用期間	長期	短期	なし
厚生年金の支給	あり	あり（条件による）	なし

安定した生活を送りたくて正規雇用を選ぶ人、ライフステージの変化などを考慮して非正規雇用を選ぶ人、夢を叶えるためにあえてフリーランスを選ぶ人…… 働き方の選択は人によってさまざまです。またこの20年間では、非正規雇用労働者の比率は1.6倍、労働者全体の38％を占めるまでになっています（男性は2倍以上に）。**普通のビジネスパーソンになる**という選択肢すら、難しい時代になっているともいえます。

006

「与えられる仕事」と「やりたい仕事」のギャップ

マスコミ志望の学生が必死の就職活動の結果、ようやくテレビ局に入ることができました。ところが配属されたのが総務部。どうしてテレビ局に入ったのかもわからなくなってしまいますが、こういう話は世の中いくらでもあることです。

あなたは仕事を選ぶのに、**業種**で選んだでしょうか、**職種**で選んだでしょうか。もしくは**会社名**で選んだかもしれません。でも、あなたがどんな理由で会社を選ぼうと、結局あなたの将来とはあまり関係ないことのほうが多いのです。文系の学部から商社を選んだのになぜかシステム部門に配属されてSEになった。商品企画志望でメーカーに入ったのに経理部に配属された。**５年後、結局その職種でベテランになっている人**もいれば、**自分がやりたい職種を求めて転職しようとする人**もいます。

業種で選ぶ、職種で選ぶ

業種で選ぶ

→ 商社を選んだ。
「当然営業だろ？」
→ 配属はシステム部門
→ 5年後「ベテランSEになってしまった……」

職種で選ぶ

→ 商品開発部門を志望した。
「マーケティングと商品の企画立案をしたい！」
→ 配属は経理部
→ 5年後「転職活動を3年やっても就職できない……」

そういう転職はだいたい失敗します。なぜならほとんどの会社は転職において、**「その人が何をしたいか」**ではなく、**「その人は何ができるか」**、つまりは経験値をみているからです。最初に入った会社において、やりたい仕事と与えられる仕事のギャップは非常に難しい問題ですが、会社が求めているのは、じつは**なんでもできる人材**で、まずはどんな部署でも社会人としてきちんとやれるか、ということにほかなりません。だから先入観で決めつけずにあらゆる可能性を信じてがんばってみれば、別のやりたいことが見えてくるかもしれませんし、その時点でどうしても実現できないのであれば、それから転職を考えても遅くはありません。我慢しながら仕事をするのではなく、配属部署で興味のあることを探してみることも大事です。

007

社会人になったら何が変わるか？

学生は勉強をするもの、社会人はお金を稼ぐもの。それが学生と社会人のもっとも大きな違いです。それに伴って社会人は、3つの面で大きな変化を求められます。1つ目は**時間が制約されること**。テレワークが広まっているとはいえ、社会人は基本的に勤務時間中、仕事以外に何もしてはいけません。遅刻は厳禁です。2つ目は**社会人としての責任を求められること**。あいさつから身だしなみ、マナーや常識など、あなたの立ち居振る舞いの1つひとつに「会社の名前」がつきまといます。**何か問題があるとまず表に出るのはあなたの会社名です**。3つ目は**人間関係が劇的に変わること**。上司やお客様は学生時代にはなかった絶対的な上下関係であり、また、たとえ会社に嫌な人がいても、仕事で関わるかぎり避けることはできません。

学生と社会人の違い

学生はインプット

社会人はアウトプット

学生は「勉強」つまりは知識や技術をインプットさえすれば評価されたが、社会人は知識や技術をインプットしつつ、お客様への価値提供のためにアウトプットしなければお金を稼げない。

008

会社は誰のものか？

会社員は会社に労働力を提供することによってお金を稼ぐ存在であることは前述しました。では会社とは何かといえば、**その労働力を使って生産物をつくり、消費者に売って利益を生み出す**存在です。そのために使われる機械、道具、原材料などの生産手段を所有しているのが会社であり、その会社の株を所有するのが**株主**（資本家）なので、当然会社は株主のものです。**会社の存在理由は利益の最大化であり、その利益は最終的には株主に帰属します**。会社が社員や顧客に高い満足度を与えようとするのは、最終的に会社、株主の利益を最大化してくれる存在だからです。

「社員」とは外部の人!?

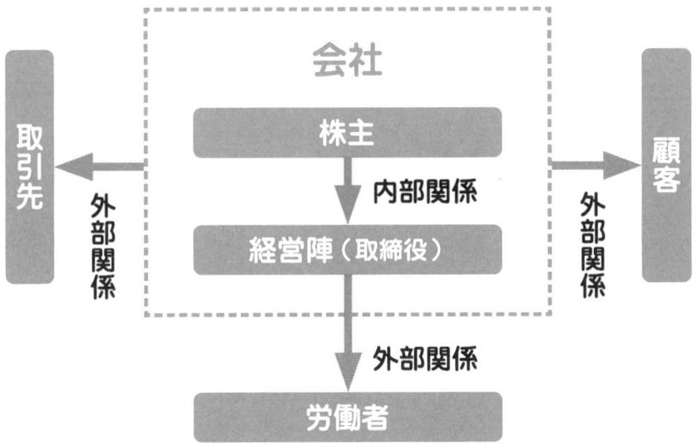

会社は株主によって所有され、経営陣によって運営されています。両者とも会社の「内部関係」にありますが、**社員（労働者）は雇用契約によって会社の業務を行なうに過ぎない「外部関係」にあります。**そもそも会社法では、「社員」とは株主（会社に出資した者）のことで、**一般に社員と呼ばれる労働者は「使用人」（会社の指揮・命令に従う人）**と規定されています。

009

会社の儲けってなに？

会社の目的は、「儲ける」つまり利益をあげることです。では、どれくらいの金額を、そしてどれくらいの期間、利益をあげなければならないのでしょうか。

たとえばあなたの会社が100円のジュースを10本売ったとします。それはあなたが仕入先から1本60円で買ってきたものです。そこであなたの会社には「**100円×10本＝1,000円**」という売上と、「**60円×10本＝600円**」という仕入が発生します。そしてその差額「**1,000円－600円＝400円**」**が儲け**（**利益**）となります。ただ、それがそのまま会社の儲けかというとそうではありません。いまいった「**利益**」**は**「**粗利**」**といって本当の会社の利益ではありません。**

企業の5元素

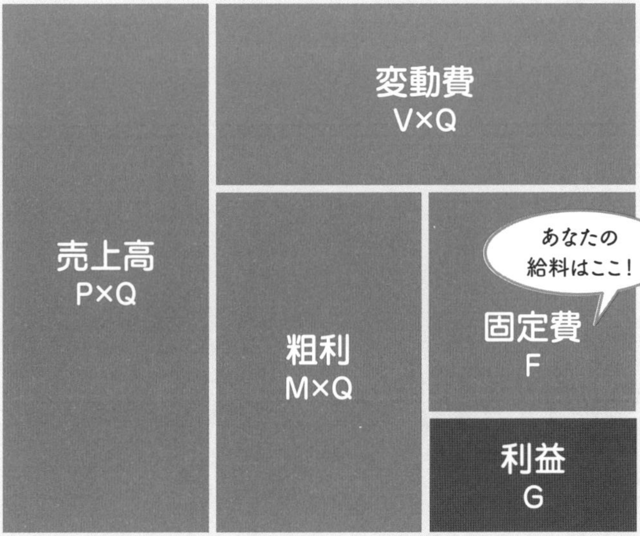

売上高 ＝ 変動費 ＋ 固定費 ＋ 利益

P：売価（1個あたりの売価）
V：変動単価（仕入の価格）
M：付加価値単価（売価と仕入の差額）
Q：数量（商品の個数）
F：固定費（社内でかかるもの）
G：経常利益（会社の儲け）

会社を維持するには、**事務所やお店を借りる家賃や光熱費、あなたたちに支払う人件費**などが必要で、粗利はそれに充当させるものです。

売上高とは、あなたがいま売ったジュースに対して支払われたお金（1,000円）です。変動費とは「会社の外から買ったもの」（仕入＝600円）です。そこから、**「会社の中でかかる人件費、経費、金利」（社内でかかるもの、固定費）を差し引いたものが会社の儲け（経常利益）**となるのです。

010

給料分働くとはどういうことか？

あなたの給料はいくらでしょうか。初任給をもらったとき、いろいろと差し引かれた手取りをみて「たったこれだけか！」と驚いたかもしれません。でも、会社の経営者は必ずこう言います。**「一人の社員には給料の３倍経費がかかっている。少なくともその３倍以上は稼いでもらわないと困る！」**

あなたの手取りが25万円とします。すると税金や社会保険が引かれる前の額面の給料は31.5万円。普通の会社はこの他にあなたが会社に来るまでの**交通費**、あなたの**社会保険料の半額**、**福利厚生費**、さらに会社にあなたがいるためのデスクの**家賃**、**水道光熱費**、ほかに**会議費**や**接待交際費**など直接の経費などを払います。それが「給料の３倍の経費」です。

給料分働くのはキツイ!?

会社がかけている約100万円(給料の3倍)を稼げばいいかというとそうではありません。あなたが営業職なら、あなたが売る**商品の原価**、**広告宣伝費**、**通信費**、**旅費交通費**、**家賃**そして、総務や経理など「お金を稼がない」**スタッフ部門の人件費**など、さまざまな経費がかかるのです。そのために必要な売上が300万円かどうかは会社によって異なりますが、それに近い金額を売り上げないと25万円の手取りはもらえないのです。

011

働き方が変わってきている!?

新入社員や、入社2、3年目の社員が自分の給料を稼ぐということはなかなか難しいことです。だから、初任給のときは給料が低く、勤務年数に応じて上がっていく**年功序列・終身雇用**という働き方がこれまでは一般的でした。そのため、給料と仕事の能力・成果は右図のようなカーブを描いていました。2つの曲線がクロスする部分では給料と能力・成果が見合うものの、それ以外の大部分では不公平にみえます。でも、**定年までの雇用期間全体で考える**と、ある程度、公平に感じられるしくみになっているのも確かです。近年、アメリカ企業のように能力、業績、成果で給料を決めようという**能力主義、成果主義**を導入する企業が日本でも出てきたこともあって、終身雇用制度はくずれつつあります。

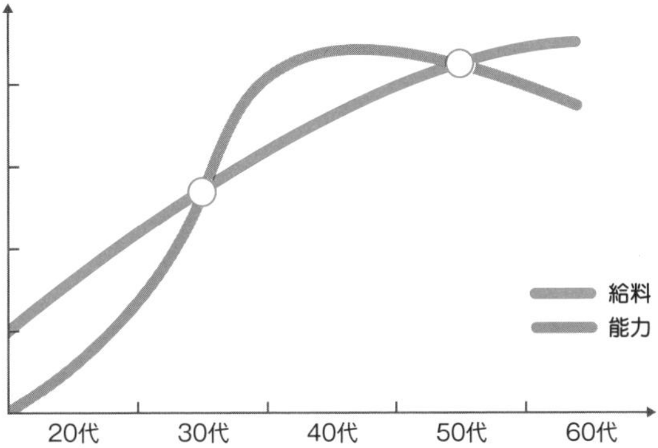

給料と能力は見合っている？

コラム 「2：6：2の法則」

働きアリの組織では全体の２割が必死で働き、６割は適当に仕事をして、残りの２割がまったく働かないといいます。ところが外敵に襲われるなど緊急事態が起こったとき、それまで働かなかった２割が俄然活躍しはじめます。これを「働きアリの法則」といいます。「パレートの法則」ともいわれおり、ビジネスでも「売上の８割は、全顧客の２割がつくっている」「売上の８割は、全商品の２割の商品がつくっている」「仕事の８割は全時間の２割の時間で処理している」といわれています。組織がどれほど優秀な人間ばかりを集めたとしても、その組織は自然と「優秀：標準：劣等」の比率が2：6：2になる。全員が100％の力を出し切って余力がないような組織はじつは緊急事態に対応できないような弱い組織で、強い組織にはこうした「遊び」が必要である。つまり、給料と仕事の能力・成果の不公平も、「強い組織」には必要不可欠なものなのです。

012

会社を辞めたくなったら
——転職とは何か？

いまの時代、転職は当たり前になっているようにみえますが、じつは最初の会社から次の会社に移るハードルは非常に高くなっています。前述しましたが、会社は最初の就職では**あなたの可能性**をみていますが、転職においては、**あなたは何ができるかという経験値**をみています。最初の配属先の職種が希望じゃなかったというだけで転職をしようとするのは少し早計かもしれません。会社は長い目であなたを育てようとしているのかもしれませんし、そもそもそれだけの理由で転職を希望しても、なかなか採用してくれるところはありません。ただ、**キャリアの途中で職種を変えるのもまた、大変なことです**。まずは自分がなぜこの会社に入ったか初心に帰り、数年後の自分の姿を想像しながら慎重に考えることです。

一般的にいわれる年齢別転職の段階

第二新卒
- 新卒入社後1～3年目（23～27歳）
- 採用会社の目的：若手社員の補充、新人教育コストの削減

転職適齢期
- 新卒入社後4～8年目（27～34歳）
- 採用会社の目的：経験値を使った即戦力

転職限界年齢
- 35歳～
- 採用会社の目的：即戦力、マネジメント力、あなたの持つ顧客や人脈

コラム　35歳転職限界説

「35歳転職限界説」という言葉がありますが、実際の転職においてそういうことはあまりありません。つまりは、**35歳を過ぎると一般の求人情報で応募できる求人が一気に減ってしまう**ということなのです。ではそんな転職に何が必要かというと、それはひとえに**人脈**です。あなたが長年会社で培ってきた人脈、たとえば取引先や客先、昔の上司や先輩・後輩などに片っ端からあたってみましょう。あなたの仕事が評価するに値するものなら、必ず「いい話」があるはずです。人脈は転職の基本といえるでしょう。

かんたんチェック！

自分の立ち位置を把握するための書き込みノート

現在就いている仕事とこれからのキャリアのことを考えてみましょう。

● あなたはどうしていまの会社・仕事を選んだのでしょうか？

● あなたの現在の仕事は希望していたものでしょうか？

● あなたの稼ぎは今後、会社に利益を与えることができるでしょうか？

● いまの仕事で転職できるようなキャリアを積めそうですか？

第2章

1分でわかる！
身だしなみの基本

人の印象を決める大部分は、
服装や髪型、顔の表情や身振り、手振りなどの視覚情報です。
日々の身だしなみを整えることで
あなたの印象を高めることは非常に重要。
職場は「内」ではなく「外」であることを意識することが大事です。

013

見た目は何割？

「人は見た目が○割」という言葉が流行しましたが、実際に人の印象を決めるのは最初に会った数秒ともいわれています。ここでいう「見た目」とは美男美女かどうかなど顔の造形のことをいってるのではなく、**服装や髪型、顔の表情や身振り、手振りなどの視覚情報**のことです。人の印象を決める大部分が視覚情報であることは確かです。

その中で特に重要なのは**清潔感**です。毎日きちんと入浴してるか、髪に寝グセやフケはないか、無精ヒゲや爪が伸びてないか、Yシャツの袖口や首まわりは汚れていないか。清潔感を出すには意外と手間がかかるものです。清潔感には、日々の洗濯や毎朝しっかりチェックする時間の余裕など、あなたの**生活の余裕自体がみられている**と思ってください。

「見た目」を決める4つのポイント

服装

服選びは仕事の一部、
毎朝TPOに合わせた
服を選ぶ余裕を！

髪

髪はすっきりとまとめ
て清潔感をアピール

表情

明るい笑顔は親しみや
すさを演出する

姿勢

背筋を伸ばして美しく
歩く

コラム　自分のクセは見抜きにくい

あなたは**貧乏ゆすり**をしていると言われたことはありませんか。自分でも気づかない悪癖は見た目を悪くする最たるもの。**腕組み**や**頬づえ**、**髪をいじる**、**爪を噛む**などのしぐさ、**眉間のシワ**や**おでこのシワ**など表情のクセ、猫背などの身体のクセは人に言われないとわからないものです。近しい人に「何か悪いクセはない？」と聞いてみるのもアリです。

014

職種と身だしなみの関係

人間は職業により**その職業らしい顔**になっていくと言われています。営業や販売員、製造部門の人や総務部門の人、経理担当の人など、**それぞれの職種で顔つきが変わっていく**というのです。もちろん遺伝子や骨格が変わるわけでなく、仕事の環境がその人の心に影響を与え、表情やしぐさなどの**身体表現が変化**するのです。さらに職種に合わせた**服装などの身だしなみの変化**が顔の印象を変えます。定年退職した人にしばらくぶりで会ってみると突然だらしなく老けてみえたりするのはそれまで着ていたスーツを着なくなったからで、さらに身体も**「スーツを着ない」身体に変化**していくからです。このように、**身だしなみが人に与える影響**は非常に大きいと言えます。

職種、職場によってスタイルは変わる

あなたが営業職ならそれらしくキチッと決めたスーツの上下、クリエイティブならクリエイティブらしいカジュアル、経理職ならまたそれにふさわしい服装というものがあるものです。**身だしなみ**というくらいですから、**服装＝身体の一部**ととらえて、あなたの仕事に合ったスタイルを目指してみましょう。

015

営業職の身だしなみとは？

近年、クールビズやビジネスカジュアルが認められるようになり、職場もかなりゆるい雰囲気になりつつありますが、**営業職だけは違います**。営業職は**会社の看板**を背負って仕事をしているようなもの。お客様とあなたの会社との接点は営業だけなのです。だから、あなたが営業職なら**クールビズやビジネスカジュアルは厳禁**です。男性なら**上着とネクタイ着用**、女性なら**ビジネススーツ着用**が基本です。

そして、身だしなみのポイントはひとえに**清潔感**です。汚れやシワのついたスーツ、シャツの汚れの首輪、伸びた爪、乱れた髪などは当然ＮＧ。女性なら派手なネイルやアクセサリーなど、主張の強いファッションに注意しましょう。

営業の身だしなみ

男性

スーツ

紺やグレーなどのオーソドックスなスタイルが基本。

ワイシャツ

白のワイシャツが基本。派手な色シャツはNG。

ネクタイ

色も柄も派手すぎない、シンプルなものを選ぶ。

ボタン

二つボタンは上1つ、三つボタンは真ん中1つか上2つをとめる。座るときには、はずしてもよい。

袖口

上着からワイシャツの袖が1〜2cm出る長さがベスト。

裾

長すぎず、短すぎず、自然に靴にかかる程度に。

靴

スーツに合わせて選ぶ。靴下もビジネス用の黒か紺が良い。

女性

スーツ

色は紺やグレー、もしくはベージュが一般的。シンプルで派手すぎないように。

ブラウス

白を基本に。派手な色・柄はふさわしくない。

スカート

長すぎても、短すぎてもNG。座っているときはもちろん、しゃがむときや階段などで気にならない丈に。

パンツ

スーツにはスカートだけではなく、パンツもそろえておくと着回しがきいて便利。

ストッキング

ベージュの無地が基本。色柄ものは避け、電線やたるみにも注意!

靴

スーツに合わせ、派手な色やデザインなどは避ける。

016

営業職は高級時計をしてはいけない!?

営業として訪問したお客様は意外とあなたの身だしなみをみているものです。服装だけでなく、特にみられているのが**靴**と**カバン**と**時計**です。どれも普通に清潔感を与えるものを身につけるのは当然ですが、**高級すぎるものには注意**です。

打ち合わせの際、もっともお客様の目につきやすいのはあなたの手元で、そこに誰にでもわかるようなブランドの高級時計があったら、お客様は必ず**「あの営業、いい時計してたなぁ」**とやっかみます。そして**やっかまれる営業は必ず嫌われます**。ビジネスの基本として、**お客様のお金（注文）をいただく側の者は、お客様より良いものを持っていてはいけない**からです。

あなたの身だしなみは見られている!?

あなたが時計好きで36回ローンでようやく買った時計を自慢したいのはわかりますが、営業先はあくまでビジネスの場、**あなた自身を表現する場ではありません。「○○社の一《いち》営業担当」という記号以上の表現はすべてビジネスにとって不利**になることをわきまえて、さまざまな身だしなみについて考えてみてください。

017

ビジネスカジュアル、クールビズの着こなし

ビジネスカジュアルや**クールビズ**というとどこまで崩していいのか迷う人もいると思いますが、基本的には**業種や会社独自のルール**を守るのが鉄則です。沖縄では夏はいっせいに**かりゆしウェアが制服**になりますが、沖縄以外でこれをやってはさすがに浮いてしまいます。

男性の場合は、ネクタイは無し、ジャケットにチノパンが基本となります。靴はスニーカーでなく革靴がおすすめです。女性の場合はブラウスをカットソー、スーツをカジュアルなジャケットやカーディガン、色柄のスカートにするなど、少しだけくだける感じが無難です。基本は上司や先輩をお手本にし、またはアドバイスを求めてみるのがいいでしょう。

クールビズのマナー（着こなし例）

男性

- 汗じみが目立たないシャツ
- ポロシャツもOK
- ネクタイは締めなくてもOK
- しわになりにくいパンツ、チノパン

女性

- 濃いめでない色味のブラウス
- 清涼感のあるパンツ、スカート
- インナーが透けないように配慮

018

カバンの中身は毎日入れ替える

あなたの出勤用のカバンはぐちゃぐちゃになっていませんか。終わった仕事の書類や先方から受け取った資料、新聞や雑誌、街角で配っていたチラシなど、入れっぱなしにしておくとかなりのボリュームになります。ほかにもパソコンやスマートフォン、イヤホン、充電器、ペットボトルにのど飴、メイク道具やフェイシャルシートなど、そのままにしておくとカバンの中は大変なことになります。異様に膨らんだカバンを持っている人は見かけも悪いものです。そこでお勧めするのが、**毎日帰宅後にカバンの中身を整理することです。すべて取り出して一旦空っぽにしてから、明日の仕事に必要なものだけを入れ直す**。たったそれだけで、今日の仕事の整理と明日の仕事の準備が自然とできるようになります。

明日の仕事のためのチェック項目

- □ 会社に置いておくべき書類かどうか
- □ 名刺入れの中身をチェック。名刺切れを起こさない
- □ スマホ、ペン、手帳、名刺入れを所定の場所へ入れ直す
- □ 天気予報をみて傘を入れるかどうか決める

コラム 「膨らむ財布」は運気を逃す!?

カバンだけでなく、お金以外で膨らんでいる財布は運気を逃すとも言います。大量のポイントカードや古いレシートの束、勧誘されるままにつくった会員カードなど、毎日は使わないものや不要なもので膨らむ財布は見た目も悪く、たしかにお金が入ってくるイメージが湧きません。財布の中身もカバンと同様、毎日入れ替えることにより、翌日に使う予定のお金を管理することで、思わぬ浪費を避けることができます。

019

「匂い」と「音」のマナー

オフィスにおいて、**匂いや音**が原因で知らないうちに周りの人に不快感を与えている場合があります。汗などの**体臭や口臭**もちろんですが、意外と気づかないのが**業務中の食べ物の匂い**です。昼休みに食事をとれなかったといって、匂いの強いハンバーガーを席で食べていないでしょうか。オフィスはあくまで仕事場、**昼休み以外の飲食は控える**のがマナーです。**騒音公害**はさらに深刻な問題です。本人が無意識に発している音でも、周りには非常に迷惑になっていることはよくあります。キーボードを打つ音、靴音など**行動から起きる音**、舌打ち、ため息、独り言など**口から出る音**、あくびやくしゃみなど**生理現象の音**。どれも**無意識であるからこそ問題**ともいえます。普段から気をつけるように心がけましょう。

騒音を立てる人のふるまいの例

書類を揃える体でガンガン音を立てる

他人に聞こえるくらいの独り言をいう

ひっきりなしにため息をつく 指先で何かをコツコツ叩く

パソコンのキータッチ音がうるさすぎる

（「自分は仕事ができる」と勘違いした人）

020

職場は「外」である

オフィスはあくまで「仕事の場」で、「内」か「外」かというと間違いなく「外」の場所です。「匂い」や「音」のマナーは当たり前。自分という個人が発する匂いや音を「外」にまき散らすのは常識ではあり得ません。会社に自前のマグカップを持ち込み、何杯もお茶をお代わりし、**仕事をしに来ているのかお茶を飲みに来ているのかわからない人**も会社にはいます。マグカップは繰り返し同じものを使うので当然**茶渋だらけ**です。会社に到着するとすぐに**スリッパやサンダルに履き替え**、来客があってもそのまま接客する人もたくさんいます。スリッパやサンダルに履き替えると足元が解放されて楽になるので、入社したばかりの新人も**あっという間にそんな先輩の真似をする**ようになります。

職場のスタイル、その理想と現実!?

このようなオフィスは完全に「内」と「外」の区別を失ってしまった場になってしまっています。身だしなみの基本とは、窮屈でも**スーツを着る、ネクタイを締める、革靴を履く**ことであり、それこそが**内と外を隔てる境界線**です。窮屈だからこそ、そこは「外」の場なのです。「職場は戦場」とまでは言いませんが、公の場所であることは理解しておいてください。

かんたんチェック！

自分の立ち位置を把握するための書き込みノート

身だしなみの基本は「どう見られているか」。他人の視線になって考えましょう。

● あなたのいまの身だしなみはあなたの職種にふさわしいでしょうか？

● あなたはブランド品を身に着けて自分を表現するタイプですか？

● 「猫背」「貧乏ゆすり」など、人から言われて驚いたことはありますか？

● 職場の環境が快適すぎて自宅のようにくつろいでいませんか？

第3章

1分でわかる！

立ち居振る舞いの基本

身だしなみと同じく重要なのが立ち居振る舞い。
姿勢、立ち方、座り方などの身体の動きから、
あいさつ、敬称、敬語、ビジネスフレーズなどの言葉遣い、
廊下やエレベーターでの気遣いまで、
礼儀正しさを守ることが職場での人間関係の基本です。

021

あいさつは社会の正論、したほうが気持ちいい

あいさつは仕事の基本、誰もが会社へ出社したら「おはようございます」と言い合っているはず――と思ったら大間違いです。**世の中にはあいさつがまともにできていない会社が意外と多い**もの。目下の人からの「おはようございます」にきちんと返事をする上司はほとんど存在しません。**良くて「ん」と頷く程度**で、ほとんどは**無言**です。このような返答を長年聞いてきた人たちは、だんだんあいさつをしなくなります。会社というところは、**良いところは真似ずに、悪いところはどんどん伝染する場所**だからです。

でもあなたがそれを真似する必要はありません。誰も返答を返さないような職場でも、あなたが毎朝きちんと「おはようございます」と言い続ければ、今度は**職場のほうが変わってきます**。なぜなら**あいさつは社会の正論**、しないよりは**したほうが気持ちがいい**からです。

あいさつができない３つの理由

❶ あいさつをしない会社だから

- 最初の会社で教育されなかった
- 過去にあいさつをして無視された

❷ あいさつが恥ずかしいと思っている

- あいさつなんて水臭い
- もともとあいさつをしない人生を送ってきた
- 家でもないのに「ただいま」とか照れくさくて言えない

❸ 出退勤の時間が違う人にはあいさつしにくい

- フレックスタイム制や時短勤務などであいさつがしにくい
- 出社が遅い人や退社が早い人はあいさつしにくい

あいさつといっても、特に覚えることはありません。時間帯によって**3つのあいさつを覚えるだけで充分**です。朝出社したら「**おはようございます**」、仕事から戻ったら「**お疲れさまです**」、帰宅するときに「**お先に失礼します**」。たったひとこと言うのと言わないのとではあなたへのイメージは天と地の差。返答が返ってこなくてもかまわないので機械的にあいさつを継続しましょう。

022

日本人独特の習慣「おじぎ」とは？

日本人のおじぎの習慣は外国人からすると、最初は奇妙に感じるものだと言います。しかしおもしろいことに、外国人も日本に住むと自然とおじぎをするようになるということです。ビジネスシーンだけにとどまらず、日本ではとても大切な習慣であり、それによってコミュニケーションが円滑になるのです。

おじぎとは、相手に敬意や感謝を伝えるためにする行為です。ホテルや百貨店などでは正しいおじぎの仕方を厳しく教育されていますが、どのような仕事であっても、おじぎの作法は必要不可欠だといっていいでしょう。きちんとしたおじぎをされて不愉快に感じる人はいないはず。営業や販売といった接客職でなくても、正しいおじぎを身につけるのは、社会人の義務といっても過言ではないと言えます。

丁寧な作法 ⟷ 日常的な作法

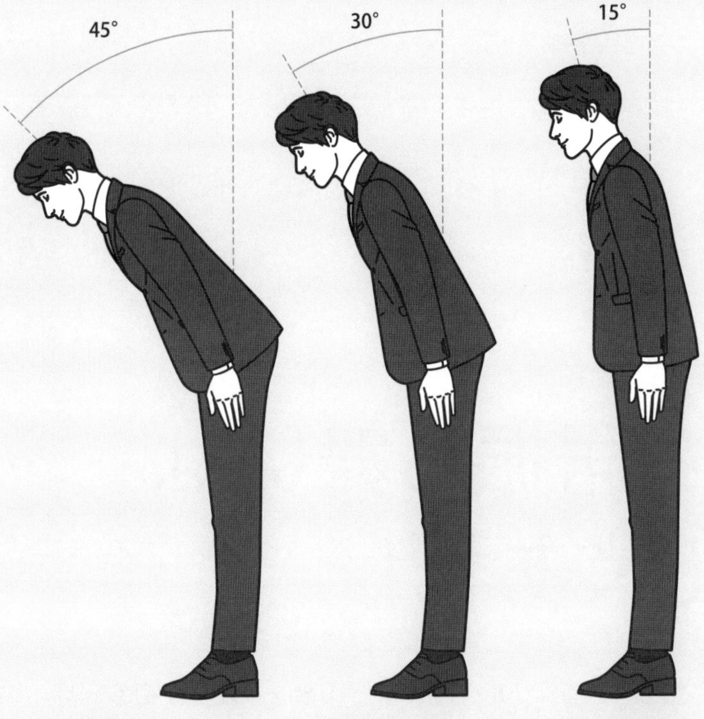

最敬礼

最も深い角度で傾けるのが、最敬礼。約45度、体を傾けるイメージ。相手に深い感謝の気持ちを伝えたり、謝罪などに使う。

敬礼

一般的に、おじぎといわれるのがこの敬礼。お客様に何かをお願いしたり、取引先の方へのあいさつなどの際、30度ほど傾ける。

会釈

軽く前に傾いておじぎする。1日に複数回顔を合わせる先輩や同僚、または通りすがりのあいさつなどに使う。おじぎの角度は約15度。

023

立ち居振る舞いは美しくあれ！

美しい立ち居振る舞いは、相手に好印象を与える最初の一歩。単純に**立つ、歩く、座る**という動きだけでも、体の位置や角度にちょっと気をつけるだけで格段に美しく見えるものです。ほかに、人にものを渡すという行為でも、**両手で持つ、相手が見やすい方向にものの向きを変える、「どうぞ」「よろしくお願いします」など一言添える**だけで、あなたの評価は一気に上がります。逆に片手で渡したり、机越しに放り投げるように渡したりするとすぐに、「お里が知れるよ」と言われるはめになります。また、**腕組み、貧乏ゆすり、ため息、あくび、舌打ち**は、まさに**お里が知れる５大しぐさ**です。決して人前でやってはいけません。

立つ、歩く、座るの基本

立つ（男性）

両手はズボンの側面の縫い目に合わせ、足はかかとをくっつけ、ハの字型に開く。

<共通点>

頭のてっぺんから糸でつられているイメージで、背筋をピンと伸ばす。あごを軽く引き、相手を見るなら、相手の口元。おなかの下のほうに重心を置くような感じで立つ。

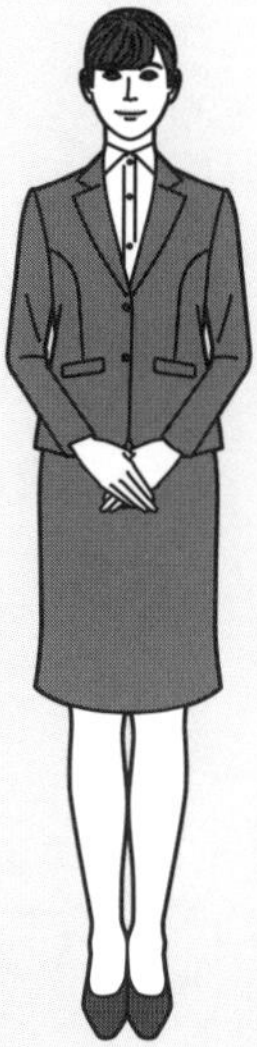

立つ（女性）

両手を体の前で重ね、ひじを軽く曲げる。足はひざを閉じる感じで、つま先を揃える。

歩き方

目線を下に向けず、進行方向に。腰の位置を変えず、腕を自然に振りながらまっすぐ歩くと、美しく見える。

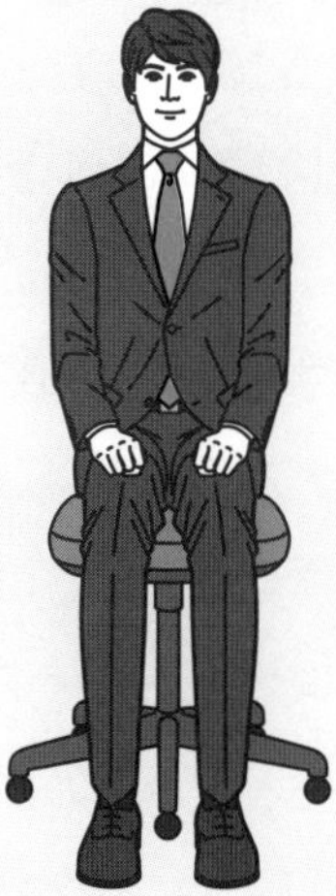

座り方

背筋を伸ばしたまま、オフィスの椅子に座りましょう。デスクにひじをつくのは、行儀が悪いのでNG。取引先などでソファに座る場合も、背もたれに寄りかからず、背筋を伸ばし、相手の目線に合わせる。

024

「言葉」も立ち居振る舞いのひとつ

立ち居振る舞いは身体の動きのことを指すだけではありません。あなたが発する言葉の１つひとつも立ち居振る舞いであり、ポジティブで前向きなプラスの言葉は相手に好印象を与えます。対して**言い訳**や**ネガティブ発言**などのマイナスの言葉は、周りの雰囲気を悪くし、人を不愉快にさせ、職場や人間関係に良いことはありません。そして、**マイナスの言葉を発する人が仕事ができるということはあり得ません**。

仕事とは前向きさとプラスのオーラがあってこそお客様を満足させることになるのであり、マイナスのオーラで包まれている人には決してお客様を満足させることはできません。

仕事ができない人の口ぐせ

「でも……」はネガティブ発言の代表で、何を言っても反対する人は仕事はおろか一般社会でも通用しません。「無理です」「できません」も同様です。舌打ちとため息は口ぐせというよりも身体のクセで、前項の腕組み、貧乏ゆすり、あくび同様、立ち居振る舞いとしては最初に矯正すべきものです。「忙しい」「疲れた」アピールをする人は自己中心で自己愛が強すぎる人。仕事をロクにしてないのにやってるアピールが得意な人でもあります。これらの言葉を多用していると会社でのあなたの信用はどんどんなくなっていくので注意してください。

025

エレベーターや廊下でのマナー

エレベーターや廊下は、自社の社員だけでなく、お客様や出入りの業者さんなど不特定多数の人が通行するスペースです。どちらも限られた狭い場所なので、**気遣いと譲り合いの気持ちを基本**に、誰もが気持ちよく利用できるようにしましょう。

エレベーターでは**乗り降りの順番**と**立ち位置**に注意します。乗り降りは**お客様、上司、先輩を優先**させ、自分は最後に乗り降りします。立ち位置は、**操作ボタンの前⑤が下座、操作ボタンの後ろ①が上座**です。**廊下ですれ違うときにはあいさつか会釈が基本**です。上司に同行するときは2、３歩後ろをついていくように、お客様を案内する場合は2、３歩先を歩きましょう。

エレベーターでのマナー

降りる人を優先

私語は話さない

積極的に操作する

乗り方の手順は…

ドアを押える

ドアかボタンを押さえ、上司や先輩に先に乗ってもらう。

乗る

ボタンの前にサッと乗り、安全を確認しながらドアを閉める。

操作する

乗ってきた人に行き先階を聞き、ボタンを押す。

立ち位置について

操作ボタンの前が下座となる。乗るときは上司に背を向けないように斜めを向いて立つ。

廊下でのマナー

端を歩く

道を譲る

走らず静かに

こんなときは…

来客を連れて歩く場合

お客様と一緒のときは、たとえ上司が前から来ても、道を譲らなくていい。譲ると、お客様のほうが気を遣うため。

上司と歩く場合

上司より2～3歩下がって歩く。人とすれ違ったら、あいさつする。

人とすれ違う場合

前方から人が来たら、道を譲る。上司なら、立ち止まってあいさつする。

026

始業時・終業時のマナー

最近は時差出勤やフレックスタイム、コロナ禍による時短勤務などで、同時間に一斉出勤という会社も減りつつありますが、会社の基本はやはり仕事の始まり、始業時間にあります。だから、**始業時間の１０分前出社は最低限のマナー**です。人は他人よりもほんの数分でも早く出社しているとなぜか精神的に優位に立ってしまう生き物で、**仕事があまりない管理職のような人ほど早く出勤する傾向**にあります。仕事がない分、少しでも優位に立とうとするからです。また、そのような人は逆に**終業時には会社にダラダラと残る傾向**にあります。だから**終業時は退社時間ピッタリに会社を出ること、残業は極力しないこと**が、仕事ができる人のマナーになりつつあります。

出社から始業までの流れ

出社

ギリギリに駆け込むのでなく、5分か10分前にはデスクや持ち場につくように出社すること。遅刻が減給などの対象になる場合もあるので、時間に余裕を持って通勤する習慣を。

20分前 → **15分前** → **10分前** → **始業**

清掃（20分前）

自分のデスクなど、身のまわりやオフィスの部屋全体、トイレや通路、廊下など、気づいたところの清掃。

情報収集（15分前）

新聞を読むなど、世の中の動きをチェックしておく。社会人として、知っておいてマイナスはない。

予定確認（10分前）

業務内容を確認し、1日のスケジュールをイメージする。新人のうちは、前日の業務を頭の中で反復してみる。

業務開始（始業）

5分前にはデスクにつき、業務にとりかかる。勝手に進められないときは、資料をみたり、その日の業務を再度確認。

終業から退社までの流れ

退社

退社時間まではきちんと仕事モードを保つこと。自分が忙しくないときは、まわりに手伝えることがあるかをたずねたり、業務に関わる資料や本を読むなど、積極的に勉強を。終業時間前からデスクまわりを整理したりすると、勤務意欲がなさそうに見えるので要注意。

20分前 → **15分前** → **10分前** → **5分前〜退社**

報告書作成（20分前）

会社・部署によっては、報告書や日報を義務づけている場合がある。1日を振り返り、簡潔に記入する。

リスト作成（15分前）

その日できなかった業務をチェックし、翌日の業務内容をリスト化。書くとわかりやすくなるので効果的。

整理・整とん（10分前）

自分のデスクや身のまわりを片付け、その日使った物を元に戻す。いらない物は、翌日に残さず捨てる。

上司に報告（5分前〜退社）

1日の業務内容を報告。問題が生じたのであれば相談。特に何もなければ、周囲のスタッフにあいさつして帰宅。

027

言葉遣いの基本①
相手の呼び方

職場には上司や先輩、部下など、役職の違う人がたくさんいます。「社長」「専務」「部長」「課長」「係長」などの**役職名はそれだけで敬称の働きをする**ので、上司を呼ぶ場合は「〇〇部長」など肩書にあった敬称で呼びましょう。ただし、「社長さん」「部長さん」など**役職名に「さん」をつけるのは二重敬語のため失礼にあたるので注意しましょう**。先輩、後輩、同僚であれば、男女を問わず「〇〇さん」と呼ぶのが通例です。

取引先など社外の人に社内の人間のことを呼ぶときは、社長であっても、部長であっても「田中」「山田」のように呼び捨てにするのが常識です。どのような相手であっても社外の人に対しては、**社内の人よりも目上の人にように対応する**のが基本です。

社内と社外の違い

社内では…　　社外では…

自分側の呼び方		相手側の呼び方
わたくし、こちら	本人	○○様、そちら様
当社、小社、弊社	会社	御社、貴社
私どもの社長、弊社の○○	役職	社長の○○様 ○○社長
連れの者	同行者	お連れ様、ご同行の方

企業は「貴社」（書き言葉）、「御社」（話し言葉）と呼びます。「社名＋さん」は相手企業には極力使わず、第三の企業を指す場合にとどめましょう。メールなどの書き言葉で「社名＋様」を使うこともありますが、基本的には社名には「御中」を使い、個人名に宛てるときには「社名＋○○様」としましょう。

028

言葉遣いの基本②
敬語とは何か？

敬語は一見面倒なものに思えますが、会社や社会におけるあなたの**立ち位置を可視化するツール**として考えればこんなに便利なものはありません。ビジネスシーンでは年齢や役職や立場などが非常に多彩で、その中で信頼関係を築かなければいけません。敬語をうまく使うことによって関係性を明確にし、相手との距離を近づけることも、少し遠ざけて程よい距離感に保つこともできます。

尊敬語とは**純粋に相手を高める言葉**で、謙譲語は**自分側を低めて相対的に相手を高める言葉**です。常に「**誰を高めるべきか**」という視点さえ持っていれば間違って使うことはないでしょう。

基本的な敬語は３種類

尊敬語

目上の人に使う敬語の基本

その動作や行為をしている人への、尊敬の気持ちを表す言葉。

使用例

- **～おっしゃる**
- **～いらっしゃる**

「れる」「られる」が用いられる など

謙譲語

自分を下げて相手を敬う

自分や自分の身内を、相手よりも一段低く置くことで、相手への敬意を表す。

使用例

- **～申し上げます**

「御礼を申し上げます」（来賓へのごあいさつなど）

- **～伺います**
- **～参ります** など

丁寧語

言葉を丁寧にする

丁寧な言葉使いをすることで、相手に失礼がないようにする。

使用例

- **～です**
- **～ます**
- **～ございます**

「お時間」「お茶」のように「お」をつける など

コンビニ敬語は使用しない

学生時代のアルバイトなどで使用していた用語を「コンビニ敬語」と呼ぶことがある。必ずしも正しい敬語であるとは限らず、社会に出てそのまま使用してしまうと、思わぬ恥をかくこともあるので要注意。

NG コンビニ敬語

- **納品書になります**
- **～でよろしかったでしょうか**
- **メールのほうご確認ください**

OK

- **納品書でございます**
- **～でよろしいでしょうか**
- **メールをご確認ください**

029

言葉遣いの基本③
敬語の上手な使い方

　敬語を使いこなすためには慣れが必要ですが、シンプルに考えるのが一番です。まずは「**はい**」「**わかりました**」「**ありがとうございます**」の３語をハキハキと話すことからはじめましょう。また、語尾に「**です**」「**ます**」をつけるだけで言葉を整えることができ、相手に対する敬意は十分伝わります。

　慣れてきたら、尊敬語と謙譲語も使ってみましょう。上司や先輩、社外の人など目上の人には「**おっしゃる**」「**ご覧になる**」「**おたずねになる**」などの尊敬語を、社外の人に自分や自社の人について話すときは「**申し上げる**」「**お目にかかる**」などの謙譲語を、基本的 には「**外**」**を立てて**「**内**」**はへりくだる**と覚えておきましょう。

立てるのは上司ではなくお客様

敬意を表す

相手を尊敬する気持ちが大切。

丁寧語

語尾に「です」「ます」をつけるだけで相手に敬意は伝わる。

尊敬語・謙譲語

どちらも相手を高める言葉。社外、目上の人に対して使う。

030

言葉遣いの基本④
使えるビジネスフレーズ

初めて会うのに「お世話になっております」。朝でも「お疲れ様です」。ちょっと矛盾していても、**決まり文句**というものは会話をスムーズに進めるには便利なフレーズです。ひと通り覚えておくといいでしょう。

たとえば客先に目上の人がやってきたときに**「お疲れ様です」というのは挨拶として正解**ですが、その人が帰るときに**「お疲れ様でした」は目上から目下に労をねぎらう言葉なので失礼**にあたります。そのような理屈を考えるのが面倒なら、**「失礼します」**というフレーズを丸覚えして使いましょう。

ビジネス会話のすべてをマニュアル化することは不可能です。最低限の基本をおさえることにより、失礼のない会話を心がけましょう。

覚えておくべきビジネスフレーズ

フレーズ1 お世話になっております

電話やメールも含め、最もよく使うフレーズのひとつ。初対面の相手には、「はじめまして」を。

フレーズ2 お忙しいところ、申し訳ございません

相手に話しかけるとき、貴重な時間を割いていただいてすいません、という感謝の思いを込めて用いる。

フレーズ3 かしこまりました

仕事や用事を頼まれたとき、「はい、快くお引き受けます」という意味を込め、なるべく笑顔で答える。

フレーズ4 ただ今、お時間よろしいでしょうか

相手に話しかける前に、相手が忙しい状況でないか確かめるために使う、相手を気遣う言葉。

フレーズ5 少々お待ちください

電話を保留にしたり、誰かを呼び出したり、探し物をするなど、相手を短時間待たせてしまうときに。

フレーズ6 ～していただけないでしょうか

相手に何かをお願いするときに用いる。「申し訳ございませんが」をプラスすると、より丁寧な印象に。

フレーズ7 失礼します

自分がその場からいなくなるときだけでなく、目上の人を見送るときにも使える便利な言葉。

「プラスのフレーズ」クッション言葉の例

お願いするとき

- 恐縮ですが
- 恐れ入りますが
- お手数ですが
- お手すきでしたら
- ご多忙とは存じますが
- ご足労おかけしますが

断るとき

- 申し訳ありませんが
- あいにくですが
- せっかくですが
- 失礼ですが

尋ねるとき

- 差し支えなければ
- よろしければ

説明をするとき

- おかげさまで
- 誠に勝手ながら

クッション言葉とは、ストレートに言ってしまうときつくなりがちな言葉の衝撃をやわらげてくれる働きをもつフレーズです。クッション言葉を使うことで相手への配慮や思いやりを示すことができ、言いにくいことも言いやすくなります。**「恐れ入りますが」**（頼む場合）、**「あいにくですが」**（断る場合）、**「お言葉を返すようですが」**（反論する場合）、**「差し支えなければ」**（尋ねる場合）など、使いこなせばさまざまな場面で役に立つ言葉です。

かんたんチェック！

自分の立ち位置を把握するための書き込みノート

姿勢などの身体のふるまいと言葉遣いについて考えてみましょう。

● 職場の人たちは毎朝あいさつを交わしていますか？

● 自分からあいさつをするのは恥ずかしい？

● 無意識に机越しに人に書類を渡すことがある？

● 「でも……」「無理」など、ネガティブな言葉が口ぐせになっていてませんか？

第4章

1分でわかる！
職場におけるやくそくごと

会社には本当に意味があるかどうかわからないのに
なぜか当たり前になっていることがたくさんあります。
むやみにルールに従うのではなく、
そのルールに本当に意味があるのか、
ちょっと考えてみるのが職場における一番重要なことです。

031

社会人の心構えの基本①
３つの「ふるまい」

社会人の心構えの基本は、**３つの「ふるまい」**、**３つの「整える」**、そして**３つの「守る」**です。３つのふるまいとは、まずは何をおいても**あいさつ**。特に新入社員が評価されるのは最初のあいさつがすべてであるといっても過言ではありません。「あいさつをしても、相手から返ってこなかったら嫌だな」「相手があいさつしてきたら返そう」などと消極的にならずに、少し恥ずかしくても大きな声であいさつをしましょう。

次に**礼儀正しさ**。あいさつしたのに返事もしない人、書類を投げて渡す上司、常に不満げな菌をまき散らかす同僚……オフィスにはそんな人が掃いて捨てるほどいます。そんな不快な空気を吹き飛ばすようなあいさつと、ハキハキした**明確な返事**を常に心がけましょう。

3つの「ふるまい」「整える」「守る」

3つの「ふるまい」	3つの「整える」	3つの「守る」
あいさつ	体調を整える	時間を守る
礼儀正しさ	服装を整える	ルールを守る
明確な返事	環境を整える	約束を守る

礼儀正しくない「ふるまい」の例

デスクでメイクをする

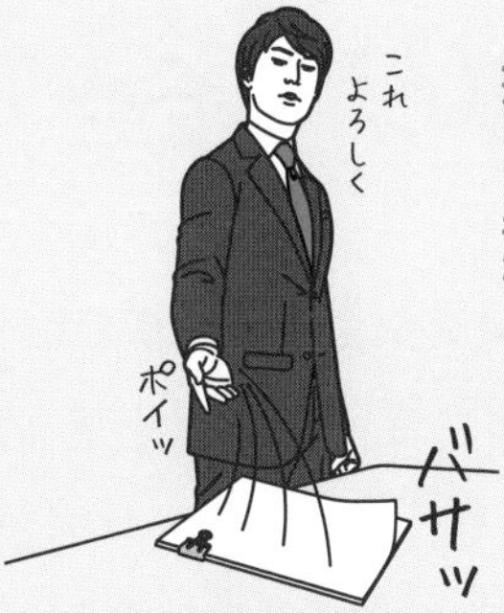

書類を投げて渡す

人を指さして話す

作業しながら対応する

032

社会人の心構えの基本②
３つの「整える」

次は、**体調を整える、服装を整える、環境を整える**の３つの「整える」です。朝食もそこそこで家を飛び出し、満員電車に揺られ、出社した頃にはもうヘトヘト……毎日ただ出勤するだけで人間にはかなりの負荷がかかります。まず健康な状態でスタートすることが肝心、日頃から**体調を万全に整える**ようにしましょう。また、スーツはあなたの戦闘服。**服装、身なりを整える**ことが大事なのは第２章で説明したとおりです。

そして**仕事をする環境の整理整頓**。散らかったデスクを放置しているだけで、あなたの管理能力は疑われます。整理整頓は見た目をきれいにするだけでなく、効率的に仕事を進めていく環境をつくるものです。片付けることを仕事の基本とし、習慣にしましょう。

デスクまわりの整理のコツ

● デスクの上には何も置かない

・パソコン、電話以外のものは基本的に置かない

・ペン立てはペンの墓場になる。使わない

・会社の書類はすべて「公」のもの。共有のキャビネに保管

・「私物」の書類は持ち帰るか捨てる

・ソデ机は古い書類のごみダメになるのでなるべく使わない

・文具、名刺のみ、引き出しで管理。あふれないようにする

● パソコンのデスクトップの整理

・アイコンは3列以内に

・仕事のファイルはすべて会社の共有フォルダに入れる

・フォルダの階層は3階層まで

（大きいカテゴリー>小さいカテゴリー>時系列）

033

社会人の心構えの基本③
３つの「守る」

最後に、**時間を守る、ルールを守る、約束を守る**の３つの「守る」です。出社時間、待ち合わせ、会議など、**時間を守る**ことは社会人の基本。**５分前、１０分前行動**とよくいいますが、予定時間より早めに余裕を持って行動することがあなたへの信頼度を高めます。**ルールを守る**のも当然。企業理念や就業規則は会社における基本ルールで、「知らなかった」は言い訳になりません。会社の一員であることを自覚し、社会人としての責任を持つことが大事です。また、**社会における約束とは契約**のことです。約束した期限や納期を守れないことは契約を守れないのと同じこと。不履行には法的措置がとられることもあります。ほんのささいな約束でも、社会の中では大きな責任がついてまわるということです。

遅刻の連絡

良い例

○

電話：「○○課長、申し訳ございません。
寝坊してしまいました。
1時間ほど遅れます」

- 遅刻とわかった時点ですぐ上司に電話で連絡
- 正直にストレートに理由を告げる。言い訳はしない
- どれくらい遅れるかを告げる
- 朝一の仕事があれば、同僚にお願いする

悪い例

×

LINE：「寝坊した。ちこく★なう。
課長にいっといて！」

メール：「通勤中に急な頭痛とめまいで、
途中下車してしまいました」

メール：「忘れ物をして、一度家に戻りました」

Twitter：「寝坊したｗ言い訳信じてもらえたセーフ」

電話：「昨日飲みすぎてしまって……」

コラム　入社１年目は何があっても遅刻はしない

大雨、台風、人身事故、車両故障など、電車遅延は毎日のように発生します。当然、会社としては遅刻が公に認められるのですが、新人のあいだは**こんなときでも遅刻をしない**ことが重要です。同じ路線に乗っていたあなたが遅刻してなければ評価は間違いなく上がります。入社１年目の新人の評価は、仕事の能力ではなく**社会人として当然のことがきちんとできるか**という常識力です。最初の印象はその後のあなたのキャリアを決めてしまうこともあります。何があっても遅刻しないという前提で行動しましょう。

034

公私混同にご注意

会社に入って少し慣れるとやってしまいがちなのが公私混同です。会社には文房具などの備品が豊富にあるので、つい自分のものとして使ってしまうこともありますが、どんなささいなものでも会社の備品の個人使用はコンプライアンス違反になります。逆に、私物のスマートフォンや携帯電話を仕事に使用することも同じことで、**仕事のためにあなたのものを持ち出しているのだから、会社のものを持ち帰ってもいい**という思考につながり、公私混同の典型パターンといえます。公私混同には**「それって本当にコンプライアンス違反？」**と思えるようなささいなことから、明らかなコンプライアンス違反、もしくは**社内道徳的にはいかがなものか**といえるようなものまで多種多様。細心の注意を払ってください。

公私混同の例

● 微妙だが、正確にはコンプライアンス違反

・空いた時間に会社のパソコンでインターネット
・私物のスマホの充電をする
・ネット通販で買った商品を職場で受け取る

● 明らかなコンプライアンス違反

・会社の備品を私用で使う。私用のコピーをとる
・会社の経費で個人的な飲食をする
・出張に家族を連れて行く

● コンプライアンス違反というより道徳的な問題

・会社以外でも先輩、上司として後輩を指導してしまう
・仲の良い部下のミスを見逃す
・職場で恋愛をして、周りに気を使わせる

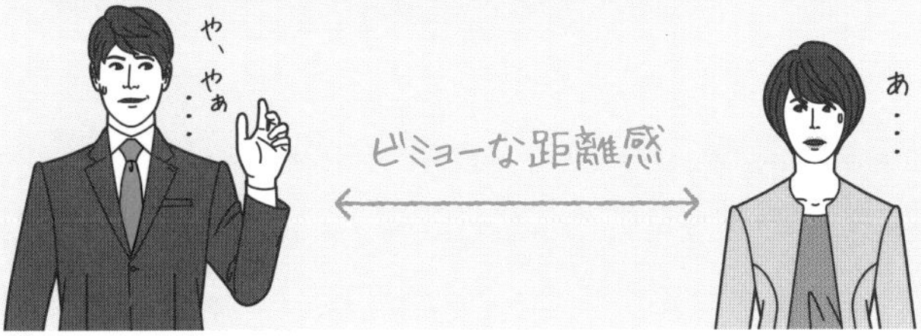

たとえば、**「ネット通販で買った商品を職場で受け取るように配慮するのは福利厚生の一部では？」という意見**もあります。ウォーターサーバーの水も福利厚生の一部であることは間違いありませんが、持ち帰るのはいかがでしょう。このように公私の線引きは難しいものですが、**「一事が万事」**という言葉もまたひとつの真実です。公私混同にみえるような疑わしい行動をしないことがもっとも重要なマナーであると言えます。

035

コミュニケーションの基本「ホウ・レン・ソウ」

社会人の仕事の基本である**報告**、**連絡**、**相談**、いわゆるホウ・レン・ソウは、仕事を進めるうえでもっとも大事なコミュニケーションの基本です。これを怠ると大きなトラブルにつながります。**報告**とは、上司から出される指示に対して、それに取り組む部下が途中経過などを報告すること、**連絡**とは、そのことに関係する人たちに客観的な事実を知らせて情報を共有すること、**相談**とは、その指示の遂行について自分だけで判断することが難しい場合に上司に相談して考えや意見を聞くことです。

ホウ・レン・ソウは良いことだけでなく、**失敗やトラブルなどの情報を正確かつ迅速に共有**することで、ビジネスをスムーズに進めることを目的とします。

「ホウ・レン・ソウ」とは？

報告

担当している仕事の進捗状況や完了を上司に伝える。ミスは必ず報告する。

連絡

作業上の変更点や今後の予定等を共有。会議の通達、遅刻・欠勤の連絡など。

相談

業務上の不明点や疑問が生じて判断に迷う場合に上司や先輩の意見を聞く。

「ホウ・レン・ソウ」をするコツ

● 簡潔に伝える内容をまとめる

・何を伝えたいのか明確にして整理すること

● 客観的な事実を伝える

・個人的な意見と客観的な情報を混在しないようにする

● 結論から伝える

・結論を最初に伝えてから、そこに至った経緯を述べること

● 曖昧な表現をしない

・曖昧な言葉は混乱のもと（「たぶん〜」「一応〜」「〜みたいです」など）

・データがある場合は数字を正確に伝える

● 勝手な判断をしない

・状況は自分がみえている範囲を超えていることもある

036

会議の常識、非常識

　社会人にとって会議は切っても切れないものですが、会議はたいてい退屈で冗長なもの。特に目的を具体的に決めずに**毎週○曜午前中**などと決まっている社内の**定例会議**はもっともムダなものになりがちです。**上司の独演会**になったり、その場その場のルールや身勝手な発言などで、**いつの間にか本題からずれてしまったり**、定時には始まらず**時間を超えるのが当たり前**になっていたり、結局**何も決められない**まま終わってしまうという、まさに「消耗戦」的な会議がむやみに開かれているのが現状のようです。

　会議がムダになる理由は3つの「すぎる」です。まずは時間が「すぎる」。**決められた時間を超えて当たり前という会議**は世の中の害悪です。

会議にありがちな3つの「すぎる」

時間が「すぎる」

参加者が多「すぎる」

資料が素晴らし「すぎる」

会議がムダだと感じても現場でやってはいけないこと

遅刻は絶対しない

タブレットやPCは持ち込まない

スマホは絶対みない

2つ目は参加者が多「すぎる」。**参加しても意味がない人がいる会議**も世の中には無数にあります。そして3つ目は会議の資料が素晴らし「すぎる」。会議のムダは、会議時間のあいだだけでなく、**事前準備の時間が長すぎる**ことと言われています。

ただ、ムダに参加するだけのあなたも注意しなければなりません。あなたが会議に**遅刻すると時間延長の理由**になります。あなたが**タブレットやＰＣを持ち込んで暇つぶしをする**と、周りの人もみんな同じことをして会議の進行を遅らせます。スマホも同様です。まずは**あなた自身が退屈な会議で腐らない**ことが大事です。

037

会議の進行役になったら考えること

あなたが単なる参加者でなく、会議を進める側になったらどうすればいいでしょうか。効率的な会議に必要なのは、**テーマの整理と細分化**です。たとえば「来期の売上を10％アップするための方策を検討する」という議題では、漠然としすぎていて何を話せばいいのかわかりません。だから、目的にたどり着くまでの**フェーズをできるだけ細分化**し、その中で今回の会議は**全体のどの位置にあり、最低限何を決めないといけないか**を、全員に明確にしてから会議を始めます。すると、論点がズレることも時間がむやみに長くなることもなく、中身のある議論に集中できるようになります。

会議は3段階に分ける

討議

Q「今年の社内イベントはどうしますか？」
A「温泉旅行がいい！」「日帰りのほうが楽」
「海外はどう？」

↓

協議

Q「前回、温泉の希望が多かったので
温泉で検討します」
A「熱海がいい！」「箱根の古い旅館は？」

↓

審議

Q「今回、熱海のＨホテルと箱根のＡ旅館で
日程表と見積を取りました」
A「箱根のほうが楽しそう！」

こうして会議のテーマを細分化するとともに、会議の**進行自体も細分化**してみましょう。テーマごとに会議を、**討議**、**協議**、**審議**の３段階に分けます。**討議**は、参加者が自由に意見を交わす会議で、無理に結論を出す必要はありません。**協議**は討議を受けて、ある程度の方向性を決める会議です。**審議**は協議を受けて参加者の意思を決める会議です。

これらの各段階を参加者全員が認識して、「このテーマは○○の段階だから、今日の結論はここまで出せばいい」とわかっていれば、会議はスムーズに進むのです。

038

議事録の書き方

会議の内容をまとめた議事録の目的は、**会議で到達した決定事項を共有すること**、**責任の所在を明確にすること**、**出席しなかった人と情報を共有すること**です。議事録は新人にとっては会社や組織を知るのにもっとも適している作業で、会議を俯瞰することによって**会社内の仕事の流れや人間関係**、**キーマン**がわかるようになります。上司から特に頼まれなくても議事録を書くクセをつけておきたいものです。

議事録を作成するポイントは、会話を時系列で書くのではなく、テーマと論点を整理してから、実際に話しているように書くことです。どんな文章でもそうですが、**話し言葉を書き言葉に変換する**のも大事です。また、間違った用語を正しく直すのは重要ですが、明らかに**違う用語に差し替える**のは捏造になりかねないので注意してください。

議事録作成のポイント

- テーマを整理する
- 論点を整理する
- 時系列で書かない
- 先に結論を書く
- 早さが重要、半日以内に配布
- 用語の差し替えをしない
- 話し言葉で書かない
- 足りない言葉を追加する
- 不要な個所はどんどん削る

話し言葉と書き言葉

●やっぱり→やはり　●ちょっと→少し
●じゃない→ではない　●それなのに→それにもかかわらず

フォーマット例

作成日：2021年○月○日
作成者：山田太郎

誰が書いたか、
責任の所在を
明らかにする

新商品○○販売促進会議議事録

●日時：2021年○月○日（月）10時～11時
●場所：当社会議室
●出席者：　A社　斎藤部長、金井課長
当社　吉田部長、田中、中村、山田（記録）
欠席者　○○

出席者は全員、
役職名、所属、
氏名を書く。
欠席者のことも
記載

●議題
1. 販売促進プランについて
2. 予算
3. スケジュール

●決定事項
1. 他社類似商品の売上データを調査
2. パッケージ進捗の確認（○月○日までに候補案を提出）
3. 予算：別紙のとおり
4. スケジュール：別紙のとおり

議題と
（何について話し合ったか）
決定事項を
（何が決まったのか）
簡潔に書く

●内容：（決定に至った経緯、発言者名など）

●検討事項：（今後の課題や新たな提案など）

●資料：資料1

●次回会議予定：○月○日（火）15～17時当社会議室

039

会社は見た目で判断する!?

あなたはいま、どんなオフィスにいるでしょうか。会社のルールやオフィスの設備、さらにはそこにいる社員のマナーの**基本動作**はしっかりしているでしょうか。会社の大きさや経営者のやる気にもよりますが、基本動作がしっかりしている会社は、オフィスも社員も会社の雰囲気も良い、つまりは**見た目に良い会社**であるはずです。

自分の会社だけでなく、必ずほかの会社もよく観察してみてください。客先、仕入先、メーカー等、取引先を訪問してよく観察すると、自分の会社がどれくらいの会社かわかってきます。そしてこの先あなたが転職することになった場合にも、相手の会社を見極めるのに役に立ちます。人は見た目であるのと同じように**会社も見た目**。外を知ることによって自分の会社も評価してみましょう。

ダメな会社チェックリスト

会社の空気（インフラ・印象）

- □ 応接室が汚い、整理されていない
- □ 書類が山のように積まれている
- □ 使っていない物で引き出しがいっぱい
- □ 処分していいかわからないものが散乱している
- □ デスクの上に私物
- □ デスクの上に私用マグカップ
- □ PCのデスクトップにアイドルや女優の画像
- □ トイレが汚い
- □ 男女同一トイレ
- □ IT化が遅れている
- □ オフィスに「昭和」を感じる
- □ 事務所がワンフロアで休憩室がない
- □ 制服はあるが、更衣室がない

会社の空気（所作・オペレーション）

- □ 電話が鳴りっぱなし。誰も電話を取らない。
- □ 催促をしないとメールの返事が来ない
- □ コピーが裏紙
- □ 伝言メモが裏紙
- □ 伝言メモがデスクにセロテープで貼られている
- □ 社員がサンダルを履いている
- □ 担当者がよく変わる
- □ 社員がよく辞める（入社して3か月もたない）
- □ 社内がシーンとしている
- □ 社員の話し声、笑い声が聞こえない

会社の人物

- □ 社長がみるからにワンマン、暴言（パワハラ）が多い
- □ 家族経営
- □ 部署の上司もパワハラ気味
- □ 社員を差別する
- □ 業者を差別する
- □ 担当者は「忙しい」が口ぐせ
- □ 周囲の目線や評価に無頓着
- □ 「当たり前」の世界観が違う

ダメな会社の具体例を少しだけ挙げましたが、世の中の会社には信じられないような**とんでもない会社**がいくらでもあるものです。まずはインフラやオフィスの印象などの**会社の見た目**、社員の所作やオペレーション、**会社の空気**、そして経営者や担当者などの**会社の人物**を肌で感じることから、会社をみる力を養いましょう。

040

エコは
会社をダメにする!?

会社がやりがちな**エコへの取り組み**や**コスト削減**にはさまざまな誤解があります。**コピー用紙の裏紙を使う**というのは代表的なもので、各部署の用紙を集めてサイズ別に分類し、表裏に整理しホチキスの針を外すなどの作業の手間を考えると、かえって**コスト増**になります。さらに表裏を間違えて印刷を失敗する、ホチキスがついたままの紙を通してコピー機が壊れてしまうなど、損失のほうが大きくなることもあります。そもそもコピーメーカーは裏紙の使用を推奨しておりません。コピー用紙の例だけでなく、世の中には**エコ**と**コスト削減**の名の下、相当の間違いをしている会社があります。**実際の効果よりも「やっている感」のほうが重視**されるためです。

ありがちなエコの間違い

- **カラーコピー禁止、両面コピー推奨**
  →資料が見にくくなり、間違いが増えて逆効果
- **節電のため天井の蛍光灯を間引きする**
  →間引いたところにも電気が流れるため節電にならない
  →残りの蛍光灯への過電流になり、発熱の原因になる
  →オフィスが暗くなり社員の士気が低下
- **節電のために休憩中は照明を半分消す**
  →会社の雰囲気が悪くなる。社員の士気が低下
- **節電のためエアコンの温度を上げる**
  →あまりに暑く、社員の士気が低下
  →自席に扇風機を設置する人が現れ、かえって電気代がかさむ
- **パソコンの電源をこまめに切る**
  →立ち上げに時間がかかり、
  作業効率が低下

会社とは、**なんとなく当たり前**と思われていることが、反対さえなければ連綿と続いている場所です。実際にメリットがあるかどうかは関係ありません。**なんとなく正しい**、**なんとなく良さそう**なことは、**なんとなく推奨**されて会社の正義となってしまいがちです。悪しき習慣や間違ったエコ、コスト削減を改めるのも会社のためになる仕事です。

041

雑用は買って出る！

ちょっとしたおつかいやコピー取り、単純なデータ入力やファイリング、会議の音源起こしなど、いわゆる雑用、雑務を頼まれることは新人時代には特に多いものですが、これらを「雑用だから」と軽んじるのは大間違いです。仕事とはどんな仕事でも**雑用の集まり**だからです。営業なら、見積りや契約書の作成、在庫の管理、データ入力、伝票起票、請求書作成、売掛金の回収作業という各業務の積み上げの上にひとつの取引が成り立ちます。それら**各段階での雑用を手を動かしてやった経験**があるのとないのとでは、仕事に対する理解度がまったく異なります。

雑用で仕事の本質がわかる

●おつかいで書類届け

→郵送では失礼、顧客サービスの一部

●コピー取り

→受注のためのプレゼンテーション資料づくり

●コピー取り

→社内会議の膨大な資料（必要あるのか？）

●データ入力

→膨大な名刺のデータは見込み客の宝庫

●請求書の封入

→売掛金の回収は会社にとって最も重要

雑用にきちんと取り組む人は信頼されます。コピー取りでもデータ入力でも、どうすれば最短かつ正確にできるかを考えながらやるからです。効率的に作業をするために、さまざまな創意工夫や改善のアイディアを考えていけば、**他に方法はないか**、さらに**付加価値をつけられるのではないか**、あるいは**この仕事は本当に必要なのか**など、作業がつくる価値について考えるようになります。雑用は単なる雑務なのではなく、**仕事の本質**だといえます。

042

「マニュアルをみて」はタブー

　仕事につきものなのが部署の異動。会社はいろいろな部署の経験をさせたり、より適した仕事をしてもらうため、若い社員には頻繁に異動をさせます。そして異動の際に一番みられるのはあなたの**引継ぎ力**です。仕事が完全にマニュアル化されていて誰でもすぐにできるような業務もありますが、仕事というものは**重要になればなるほど複雑化しマニュアル化できない**ものです。自分で**工夫をしたこと**や**マニュアル化しにくいコツ（暗黙知）**は必ずあるもので、もしないのならその人が何も考えずに仕事をしていたということです。

　よくいるのが、引継ぎの際に**「マニュアルをみればわかります」**といって何も説明をしない人ですが、こういう人にあたったら不運だと思ってください。業務マニュアルには仕事に本当に必要なことは何も書かれていないからです。

不幸な引継ぎとは？

逆にあなたが引き継ぐ立場になったら、「**自分はやってきたからできるけど、引継ぎ相手にはできない**」という仕事を、すぐにできるようになるためのアドバイスをしてあげてください。やってきた仕事で陥りやすい状況やミスしやすい部分を普段から把握しておくこと、それを**人にきちんと伝えられる引継ぎ力**があなたの評価を高めていくでしょう。

043

経理担当者へのマナー

会社の経理担当者は、各社員からあげられた交通費精算や出張精算等を、不備がないかすべてチェックします。しかも、全社から集まった膨大な量の申請書類には、単純な金額ミスや領収書の貼り忘れ、検収印の押し忘れ、勘定科目の間違い、人数が不明な交際費などのミスが多発し、まさに**書類不備の宝庫**です。そんな**誤りを指摘するのが仕事**になっているので、現場の社員は経理担当者を煙たがる傾向にあります。1円の売上にもならないのに時間がとられる、手続きが面倒すぎる、接待費の伝票1枚を通すのに重箱の隅をつくようなことを聞いてくる等の不満から、**現場第一主義の視点**で、経費精算を後回しにするのです。

経費精算を優先することがマナー

ただし、経理担当者は敵ではありません。あなたが営業などの現場の社員ならば、**経費精算を最優先にすること**が仕事のマナーです。領収書や交通費精算を溜めこんで締切間際に提出すると、あおりを食うのが経理担当者です。ミスのチェック、訂正、伝票を出し直した場合の上長印の再押印など、すべての修正作業は押せ押せになり、経理担当者の残業のもととなります。**自分の手間がかかるから後回し**にするのではなく、**相手の手間がかかるから最優先にやること**、これが社会人のマナーです。

044

会社のパソコンに パスワードは必要か？

「パソコンにはパスワードが当たり前、情報が漏れると大変だから」というのが世間の常識のように言われていますが本当でしょうか。「個人情報が漏れるから」という人は不正解、**会社の中に個人情報を入れるハコはありません**。あなたが会社でつくる資料、送受信するメールやＦＡＸ、あなたが受け取る郵便物や添付ファイル、**すべてはあなた個人のものではなく、会社のもの**です。会社には私物を置く場所はないのです。「会社の機密情報が漏れるから」という人は半分正解です。誰かが会社に侵入してあなたのパソコンから会社の情報を盗むことはあるかもしれませんが、それは**パソコンのセキュリティではなく、オフィスのセキュリティの問題**です。

そのセキュリティは正しいの？

ちょっと前から「パスワードを後送します」（添付ファイルを圧縮してパスワードをかけ、パスワードは別メールで送信する）というメールが標準化しつつありますが、ファイルという箱とその鍵であるパスワードを同時に同じアドレスに送っているのに、**その送り方にセキュリティの意味はあるのでしょうか**。会社には本当に意味があるかどうかわからないのになぜか当たり前になっていることはたくさんあります。むやみにルールに従うのではなく、そのルールに本当に意味があるのか、ちょっと考えてみるのが職場における一番重要なやくそくごとなのです。

かんたんチェック！

自分の立ち位置を把握するための書き込みノート

職場の中で最低限守るべきやくそくごとについて考えてみましょう。

● あなたの行動は常に時間や締切ギリギリになっていませんか？

● あなたの席は清潔ですか？ 整理整頓を心掛けていますか？

● 会議中にスマホやタブレットをみていませんか？

● コピー用紙の裏紙を使っていたり、節電ばかり気にかけていませんか？

第5章

1分でわかる！
人間関係におけるやくそくごと

職場とはじつにさまざまな考えや感覚を持った人が
不規則に集まった場所なので、
互いを理解するというハードルはなかなか高いものとなります。
「話が通じない人」や「そりが合わない人」にも
きちんと対応できるようなコミュニケーション力が必要となります。

045

コミュニケーション能力ってなに？

会社では、上司や同僚、お客様など、毎日さまざまな人とコミュニケーションをとる必要があります。年齢も立場も異なる人とうまくやるためには、相当のスキルが必要になります。コミュニケーションツールには、**直接話す、電話、メール（SNS）**の３つがありますが、すべてに重要なのは**言葉や文字**です。では、あなたが使う言葉や文字がしっかりしていれば、コミュニケーションは成り立つのでしょうか。

最近、メールでしかコミュニケーションをしない人が増えています。直接の会話や電話では**「お時間よろしいでしょうか？」**などコミュニケーションをするにあたって同意をとる必要があって面倒なので、なんでもメールで送りつけてしまうのです。でも、当人が思っているほどコミュニケーションは取れていないのが現実です。

コミュニケーション能力とは？

言語力

会話、メール、文書 など

非言語力

身振り、手振り、表情、ファッション など

　コミュニケーションに大事なのは**言語力＋非言語力**です。あなたがどんなに丁寧な言葉で上司に話していようが、**ふてくされているような表情や態度でやってはまったく伝わりません。**むしろ、あなたの不満や敵意がしっかりと伝わっているという意味では、非言語力の力はすごいと言えます。あなたがお客様にどんなに素晴らしいドキュメントや提案書をつくることができても、**伝える力が弱ければ、その言語や文字の力は半減**してしまうのです。

046

コミュニケーション力を高める日常のマナー

会社のコミュニケーションにおいては、**それを「誰が」言っているのか**ということも重要になります。あなたが新入社員なら、「会社の経営のやり方がよくないんだよ」と批判めいた発言をしても誰も話を聞いてくれません。同じように、たとえば**自分の机がいつも汚い人**、**経費精算を溜めこむ人**、**会議では必ず遅刻してくる人**など、日常の基本的な動作・所作ができていない人の言葉は誰も聞かなくなります。

つまりは**分（身の丈）を知って話すこと**。これも広い意味では**非言語力**と言えます。**口ばかりではなく行動で示せ**とはよくいいますが、正しいことを言って相手を負かせればいいのはディベートの場だけです。実際の社会は、**日常のコミュニケーションをきちんととれる人の勝ち**なのです。

コミュニケーション力を弱める日常のマナー例

- 机や身だしなみが乱れている
- 期限を守らない（経費精算、健康診断の申し込み、年末調整の書類など）
- 遅刻の常習犯、会議にも必ず1、2分遅刻する
- 会議で正論を言って周りをバカにする
- 会議で議論をふっかける

コラム　気配りの大切さ

日常のコミュニケーションに大切なのはスキルではなくマインド。結局は気持ちがなければいい人間関係は築けません。普段から、お互いにちょっとした「気配り」を実行するだけで仕事も人間関係もうまく回っていきます。会社の人でも取引先の人でも、「相手は敵」ではなく「必ず味方である」というマインドセットで臨めば、相手も心を開いてくれるものです。

047

好印象を持たれる自己紹介とは？

人の第一印象は、初対面で出会ってからわずか数秒で決まるといいます。第一印象がそのあとに続く相手との人間関係を決めてしまうこともあるので、自己紹介は非常に重要です。できるだけ元気に、そして笑顔でハキハキと自分の名前や社名を伝えましょう。そのうえで、何か印象に残るエピソードや特技などを話せるとよりベターですが、ビジネスの場なのでプライベートなことばかりをアピールするのはNG。自分のパーソナリティや個性が伝わるエピソードを日頃から準備しておくことが大事です。

人の印象は、「見た目」などの**視覚情報**だけでなく、声の大きさやトーン、話す口調などの**聴覚情報**、言葉そのものの意味や会話の内容などの**言語情報**によって決まります。それらに注意して取り組んでください。

自己紹介のポイントは「元気と笑顔」

❶ お辞儀

❷ あいさつ

「おはようございます」「はじめまして」「こんにちは」「本日からお世話になります」。当たり前の言葉ですが、元気にはっきり言いましょう。

❸ 名前を名乗る

「○○○○と申します」。混同しやすい場合の漢字を説明すると記憶に残ります（田中と田仲や川田と河田など）。できればフルネームで説明すると親しみが持てます。

❹ 自分をアピールするコメント

あなたの特徴や「売り」、ちょっとしたエピソードを手短に付け加えます。

❺ 締めのあいさつ

「よろしくお願いいたします」

❻ お辞儀

コラム 出身地ネタは印象に残る

自己紹介に付け加えるエピソードに**出身地を交える**と話が盛り上がることがあります。相手の出身地が同じだったり、「旅行で行ったことがある」話題になるなど、親しみを持たれるきっかけにもなります。初対面の食事会や飲み会の席などでも、話の接ぎ穂として使うのには非常に有効ですので覚えておくといいでしょう。

048

人の話を聞くことの大切さ

あなたは**人の話を聞くこと**と**自分が話す**のではどちらが得意でしょうか。自分は話ベタだと思っていても、じつはいつも話すほうばかりで、人の話をじっくり聞くということはあまりない、というのはよくあることです。

通常、**コミュニケーション能力が高い＝話し上手**と考えがちですが、人との意思疎通で大切なのは、話すことよりも**相手の話を注意深く聞く力＝傾聴力**です。

傾聴力を身につけると、自分が話さなくてもスムーズにコミュニケーションが取れ、相手の信頼感を得ることができます。話を聞くだけではなく、**表情や仕草**などからも相手の本音を引き出して理解するのも傾聴力です。

相づちを使いこなす

基本　はい！ なるほど！

ねぎらい　いやー、お疲れ様でした

謙遜　いえいえ、そんなことはございません

感心　へぇー、さすがですね！

同意　えぇ、そうですね！

同情　まぁ、お気の毒に…

傾聴に大事なのは、相手への**共感**と**受容**の気持ちを持って**話を聞くことに集中すること、肯定的な相づちを打つこと、聞いている姿勢をみせること**。相手の話のリズムに合わせたり、相手の言葉をオウム返しに繰り返すのも有効な手段です。逆にもっともやってはいけないのは、**否定的な相づちを打つこと**、**話をさえぎること**、話の途中で**相手の話を結論づけたり、相手から話題を奪うこと**です。

049

上手に話すコツとは？

ビジネス会話の基本は、伝えたい内容を正確かつ簡潔、丁寧に伝えることです。日常会話と違い、ビジネス会話には**ビジネスを進めるためのコミュニケーション**という明確な目的があります。会社、そしてあなた自身の意図をしっかりまとめ、相手にスムーズに伝えることに努めましょう。ビジネス会話では**聞く力**（前項）、**５Ｗ２Ｈ**（次項）、そして**話を広げる力**が重要になります。「野球はお好きですか？」と「どんなスポーツがお好きですか？」とでは同じ質問でも話の広げ方が変わってきます。時事ネタや流行ネタなど、雑談から話を広げるのもコミュニケーションの基本です。

正確かつ簡潔、丁寧に伝えるコツ

● ビジネス会話のコツ

・話し上手より聞き上手（※前項参照）
・相づちをうまく使いこなす（※前項参照）
・簡潔に話す
・ボディランゲージを使う
・質問力で会話を広げる
（YES・NOで終わらない質問をする）
・雑談ネタを準備
（天気・出身地・時事・趣味・流行など）
・結論から話す
・5W2H（※次項参照）

● プレゼンテーションのコツ

・センテンスは短く
・重要なところはゆっくり話す
・最初に結論から話して必ず最後に帰結させる
・最初に数字を示す
「ポイントは3つあります」
・最初に時間を示す
「5分間で話をまとめます」

● NGワード

・口ぐせ
「えーっと」「あのー」
・接続フレーズ
「ところで」「話は変わりますが」
「いずれにしましても」
「こうした中で」
・あいまい表現
「15時までには伺います」
・専門用語
「アジェンダ」「スキーム」
「コンセンサス」など

話をしているときに「ところで」や「話は変わりますが」を使うと、相手は**「いままでの話はなんだったの？」**と話の腰を折られた気がします。また、プレゼンテーションなどでよく使われる「こうした中で」は、前のフレーズと後のフレーズが**論理的につながらないときのごまかしに使われる**ことが多く、「いずれにしましても」は、**話をまとめきれず強引に終わらせるときによく使われる**フレーズです。このような、よくわからないのになんとなく使ってしまうフレーズには注意しましょう。

050

伝わる会話のコツ、5W2Hとは？

5W1HとはWho（誰が）、What（何を）、When（いつ）、Where（どこで）、Why（なぜ、どんな目的で）、How（どのように）を示す言葉で、これになぞって文章を構成することで、情報を明確に過不足なく伝えることができます。これに**How much（いくらで）、つまり費用（売上、コスト、利益、損失）の要素**を加えることによってビジネスの現場における情報伝達の枠組みを押さえたものが**5W2H**です。これができていれば、上司や先輩に報告した際に、「わかりにくい」「何を言ってるのかわからない」と言われたり、「なんでできなかったの？」「いつまでにできるの」「それじゃ赤字になるんじゃないのか？」と聞き返されることもなくなります。いつでも5W2Hに立ち戻って情報を整理するクセをつけましょう。

5W1H+1H=5W2H

5W

Who
誰が
当事者、取引先など
人に関すること

What
何を
伝えたい内容、
話したいこと

When
いつ
約束など日時、
時間に関すること

Where
どこで
集合場所、営業先など、
場所に関すること

Why
なぜ
どうしてそうなったのか
という理由と原因

＋

2H

How
どのように
解決方法や用件など、
出来事の手段

How much
いくら
コストや予算など、
お金に関すること

051

職場の ヒエラルキーを知る

会社というところは一度入ってしまえばじつにさまざまな人が集まっている場所です。社内をみれば上司、部下、先輩、後輩、他部署の人。同じ会社といっても、契約社員や派遣社員、アルバイトの人もいます。会社に出入りする人では取引業者やメーカーなどの協力会社の人など多岐にわたります。普段は会わないような無関係な人が集まるのだから、そこには組織、つまりは**ヒエラルキー**（階層組織）が必要になります。

あなたが会社に入ってまずやらなければならないことは、会社のヒエラルキーを知ることです。上司である係長、上司の上司である課長、そのまた上の部長……。その力関係はまるで鉄板のようにみえるかもしれません。

一般的な会社のヒエラルキー

ただ、会社という場所は**上下による力関係だけで動いていくものではありません**。隣の部署にはあなたの上司とそりが合わない係長や課長がいて敵対していることもあります。また、経費の使い過ぎで経理に頭が上がらない、接待漬けで取引業者に頭が上がらない、セクハラまがいのことをしてしまい女性社員に頭が上がらない上司もいます。**力関係だけではなく人間関係**、それも組織の真実であることを理解し、**職場の本当のヒエラルキー**を知ることは必ずあなたの役に立つはずです。

052

ハラスメントへの対処法とは？

近年、社会的に**ハラスメント**が問題になっています。ハラスメントは40種類以上あると言われていますが、基本的には異性（特に女性）に性的な内容の嫌がらせをする**セクシャルハラスメント**と、上下関係を利用して精神的肉体的に苦痛を与える**パワーハラスメント**の２種類、そしてセクハラやパワハラを受けた人が、そのあとに上司や同僚からバッシングを受けたり、仕事の協力を得られなかったりするといった二次被害を受ける**セカンドハラスメント**があります。被害に遭った場合は、**毅然とした態度をとること**、自分一人で問題を抱えないで、信頼できる上司や同僚、または労働局や法務局などの**公的な相談窓口**、**法テラスや弁護士に相談**しましょう。

セクハラ、パワハラになる人

飲み会の席で「最近どう？」と聞いたらセクハラ扱いされた、若い女性社員に対して「〇〇ちゃん」と呼んだらセクハラととられた。「結婚してるの？」だけでもセクハラらしい……。一昔前なら職場のコミュニケーションの範疇ですませられたことも**いまはほぼセクハラ扱いになります**。セクハラになるかどうかに**加害者の意図は関係ありません**。気づかないうちに**自分が加害者になっている**こともあるので注意してください。

053

モンスター社員もたくさんいる!?

パワハラやセクハラは基本的に権力を持つ「上」の人間が「下」の人間に嫌がらせをする行為ですが、**パワハラやセクハラを逆手にとったモンスター社員**が問題になっています。セクハラとは呼べないような上司のささいな行為を**セクハラだと大げさに騒ぎ立てる女性社員**、上司からの業務上の注意を**過剰な叱責だとパワハラを訴える社員**などがモンスター社員の典型です。モンスター社員はまた、上司の能力不足を責め立てたり、社員同士で結託して業務を放棄するなど実力行使をすることもあります。**上からの権力行使も下からの実力行使**も職場では同じハラスメントです。巻き込まれないよう注意することが肝心です。

モンスター社員とは？

- 無実の上司をセクハラ、パワハラと騒ぎ立てる騒音モンスター
- 上司の能力不足を責める逆パワハラモンスター
- ITに弱い上司をいじめるテクハラ（テクノロジーハラスメント）モンスター
- 会社にキレて、一般社員のPCエラーを放置するモンスター社内SE
- 不備のない申請書類を何度も差し戻してくる経理モンスター

など

コラム　モンスター社員は辞めるときもモンスター

映画『ジュラシック・パーク』をみたことがあるでしょうか。会社の待遇に不満を持ったITエンジニアがシステムにトラップを仕掛けて、厳重に管理されていた恐竜が大暴れするという物語です。これこそ会社に潜むモンスター社員の典型で、辞める間際に引継ぎをまったくしないで姿を消してしまう社員や、システムに細工をして数日後にエラーが起こるように仕掛けるようなエンジニアはたくさんいます。モンスター社員が辞めるときは特に注意を払いましょう。

054

そりが合わない上司とどう接するか？

会社員にとって、組織における悩みの大半は上司との関係から派生することです。では、そりが合わない上司とはどのように関係するべきでしょうか。答えは簡単、**上司とは戦わないこと**です。なぜなら、**どんなに無能でも人事権を握っているのは上司**だからです。会社における人事権とはもっとも強いカードであり、それを切れるのは上司だけ。下手に戦うととんでもない部署に飛ばされかねません。現在の上司と戦ってなんとか勝っても、**会社は次の上司を寄こすだけ**。次の上司とまた戦ってしまえば、**次はあなたが潰される番です**。上司とはどんなに無能な上司でも組織が選んでそのポストについている人であり、**組織そのもの**だからです。

勝負に勝っても飛ばされる!?

上司がうんと年上なら、自分より**必ず先に会社を辞めるはず**なのでそれを待ちましょう。年齢の近い上司なら**転部、転職を考える**のも手です。どうしても上司と戦うのなら、仕事で**圧倒的な成果をあげる**しかありません。会社の利益をあげるという組織の論理に即している限りは、会社はあなたを一方的に切ることはないでしょう。

かんたんチェック！

自分の立ち位置を把握するための書き込みノート

職場の人間関係で最低限守るべきやくそくごとについて考えてみましょう。

● 社内ではメールだけでコミュニケーションをとっていませんか？

● あなたは人の話を聞かないで自分の話ばかりするタイプですか？

● セクハラやパワハラに遭っていませんか？ 相談する先輩や同僚はいますか？

● 上司とはそりが合いますか？ 合っていない場合、どのように解決していますか？

第6章

1分でわかる！
接客の基本

社会人になってもっとも変わるのは人間関係です。
上司やお客様は学生時代にはなかった絶対的な上下関係。
名刺交換や席次など、ビジネスマナーはすべて
「上下関係をいかにみせるか」を基本としているので、
まずは相手との関係を把握することからはじめましょう。

055

名刺交換のマナーとは？

ビジネスの場ではじめての人と顔を合わせたとき、最初に行うのが名刺交換です。名刺はあなたの顔であり、相手とのコミュニケーションの第一歩となります。

1対1で交換する場合、**目下の人から目上の人に対して先に名刺を出す**、または訪問した側から先に出すのが基本中の基本です。ここでいう**目上とは発注側であるお客様**、目下とは**受注側である業者**のことです。

複数で交換する場合は、**目上の人から順に**交換します。たとえば、発注側が「担当者、課長」の2名、受注側が「担当者、課長、部長」の3名の場合、①**受注側の部長** → 発注側の課長、担当者、②**受注側の課長** → 発注側の課長、担当者、③**受注側の担当者** → 発注側の課長、担当者という順になります。

名刺の渡し方・受け取り方

相手の正面に立ち、会社名と名前を名乗って両手で名刺を持って相手に渡す。相手が文字を読める向きで。

「頂戴いたします。よろしくお願いいたします」とお礼を述べ、両手で受け取る。受け取った名刺は名刺入れなどの上に置く。

●同時交換の場合

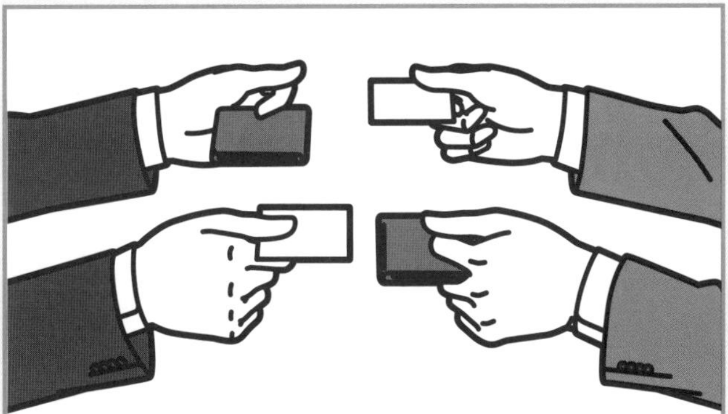

お互いが右手で差し出し、左手で受け取ったらすぐに右手を添える。

056

席次の基本

　席次とは、**「どこに誰が座るか」という席順**のことで、会議や式典の席、またはタクシーや新幹線の席順、さらにはエレベーター内での立ち位置など、さまざまな場所で**上座と下座**があります。上座とは目上の人、年長の人をお通しする「よい席」のことで、下座とは立場が下の人間が座るべき席のことです。**上座と下座の基本は、入口から遠い席が上座**。たったこれだけです。

　もっとも困るのが、**営業が訪問先のお客様の応接室に通された場合**です。営業はお客様からみれば「お客様」なので**応接室では上座に座るのがマナー**ですが、立場としては営業のほうが下となります。だから、**何もいわれなければ下座に座ること**。先方から「奥へどうぞ」と勧められた場合のみ、お言葉に甘えて上座に座りましょう。

上座はどの席か？

●会議室の場合

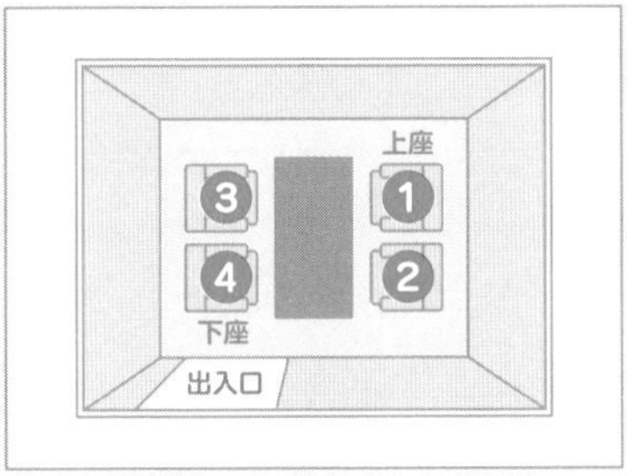

入口から一番遠い席①が上座、近い席④が下座。

●応接室の場合

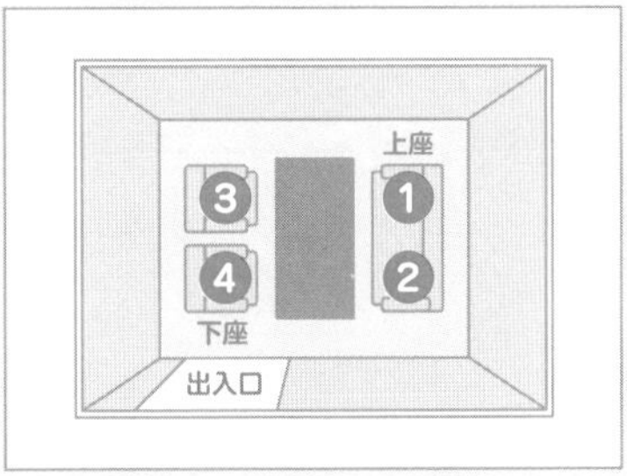

長ソファは通常、入口から遠い側に設置されている。①が上座。

●飲食店・座敷の場合

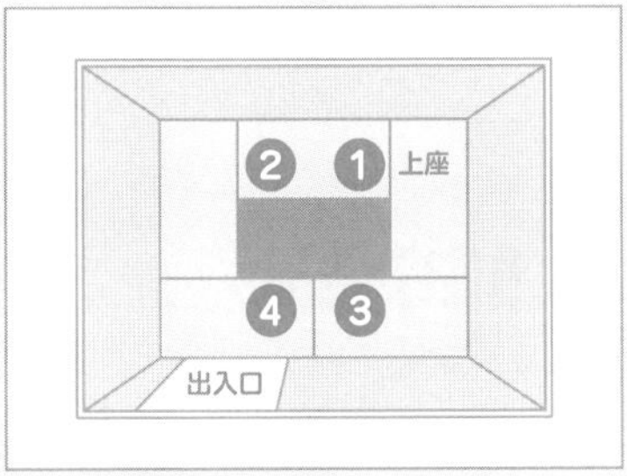

入口から遠い席①が上座、④が下座。

●床の間がある場合

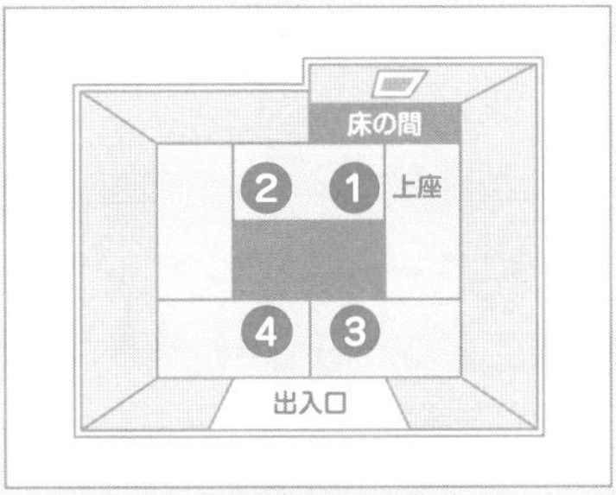

床の間のある座敷では床の間の前が上座。

●タクシーの場合

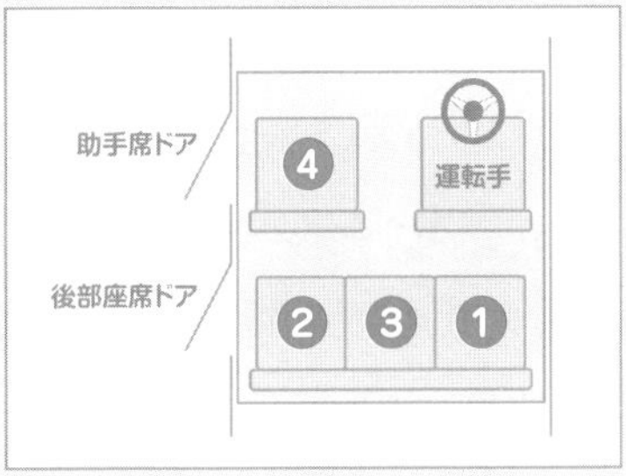

運転席の後ろ①が上座、助手席④が下座。

057

来客対応の手順

あなたの会社を初めて訪問する人にとっては、**最初に応対した人の態度**で会社の印象が決まってしまいます。**会社の顔という自覚**を持ってお客様に対応しましょう。来客があらかじめわかっているときには、お客様をお待たせしないように準備しておきます。アポイントメントなしに突然来られた場合でも、失礼のないようにお出迎えするというのは社会人としての基本です。あなたに用事がある相手でなかったとしても、担当者に取り次ぐまでしっかり応対しなければなりません。**礼儀正しく、スピーディに、お待たせしない**が来客対応の鉄則です。

会社への来客対応の手順

来客が訪れる

「いらっしゃいませ」と声をかけ、会社名、氏名、用件、担当者名を伺う。

アポがある場合

「○時にお約束の○○様が受付にいらっしゃいました」と、担当者に連絡する。

会議室に案内する

- 「会議室にご案内いたします」と言って、案内する。
- または「担当者が間もなくまいりますので、しばらくお待ちください」と伝える。
- 案内後は、お茶やコーヒーをお出しする。

アポがない場合

「○○社の○○様が○○の用件でお会いになりたい、といらしています」と、担当者に連絡する。

担当者の判断をあおぐ

来客にお待ちいただく場合は、「どこで何分お待ちいただくか」など、担当者に相談。担当者が外出中の場合は、そのことを来客に伝える。

担当者が出る場合 → 会議室に案内する

断る場合

- 担当者にどのように断ればいいのか、確認する。
- 「申し訳ございません。あらためてお約束のうえ、お訪ねくださいませんでしょうか」と、丁寧にお断りする。

コラム　飛び込み営業への対応

来客の相手が**飛び込み営業**。あなたはどんな態度で接しますか？　飛び込み営業だとわかった瞬間に態度が急に高圧的になる人がいます。総務部や経理部など管理部門の人に特に多く、毎日のように来る同種の営業に辟易《へきえき》していることもあるのでしょうが、必要以上に失礼な態度は禁物。**はっきり断る**ことと**失礼に断る**ことは別です。失礼に断る態度をみてあなたの人間性を判断するのはじつは**社内の人**のほうです。どんな来客に対しても失礼のないような態度を心がけましょう。

058

お客様への
お茶の出し方

お客様が自社を訪問してきた際に、お茶を出すことによって相手をもてなすことは大事な仕事です。最近はペットボトルや紙コップで出す会社も多いですが、**お茶を出すタイミングと出す順番は同じ**なので、まずはお茶出しの基本を覚えておきましょう。

夏以外の季節なら、煎茶、ほうじ茶、玄米茶など温かい日本茶が一般的です。茶葉は１００℃のお湯でいれると苦みが出るので、**一度湯のみに注いで８０～９０℃くらいにしてから注ぎましょう**。夏なら冷たい麦茶かアイスコーヒーが一般的ですが、グラスの水滴がテーブルにつくと書類などが濡れてしまうので、コースターにのせてお出ししましょう。

お茶出しの手順

❶人数を確認してお茶をいれる

途中でこぼしても、茶たく（受け皿）を汚さないよう、茶わんと茶たくを分けて、お盆の上に。ふきんも用意しておく。

❷応接室や会議室のドアをノック

「失礼します」と軽く会釈してから入室する。

❸お盆を置いて茶わんを茶たくに

お盆をテーブルに置いて、茶わんの底をふきんでふいてから、茶たくにのせる。

❹人数を確認してお茶をいれる

茶わんや茶たくに絵柄がある場合、絵柄がお客様の正面を向くように。

❺上座のお客様から順に出す

お客様の右手からお茶を出す。お客様が書類などを広げている場合は、「こちらでよろしいですか」と声をかけ、お茶をこぼさないように注意する。

❻出したら礼をして退室

お盆を体の前に持ち、「失礼しました」と言いながら会釈して退室。商談がすでに始まっている場合は、じゃまにならないよう黙って会釈する。

お菓子を置く場所って決まっている？

お客様の左から順に、お菓子→お茶→おしぼりと並ぶのが基本。来客からいだいたお土産を、「おもたせで恐縮ですが」とひとこと添えて、お茶といっしょに出すこともある。

かんたんチェック！

自分の立ち位置を把握するための書き込みノート

接客についての基本的な行動について考えてみましょう。

● 取引先との上下関係、社内での上下関係をきちんと把握していますか？

● どんな席でも、エレベーターの中でも、上座、下座があることを知っていますか？

● 食事の席や酒席で、お客様より先に食事に口をつけてしまうことはありませんか？

● 出入りの業者の人などに失礼な態度を取ることはありませんか？

第7章

1分でわかる！

電話・文書・メールの基本

1990年代後半、電子メールでのコミュニケーションが始まって以来、
ビジネスマナーは大きく変わりました。
その後、携帯電話やスマートフォンが普及し、
ツールとしてSNSやLINEが加わり、通信におけるマナーは
どんどん崩れていく一方です。いま一度、基本を押さえることが重要です。

059

スマートな電話のかけ方とは？

電話をかけるときの基本は、**相手の時間をもらっている**という意識です。メールと違って送りつけることができないコミュニケーションなので、いかに相手に気持ちよく電話口に出てもらうかが大事です。そのためにはまず、**かける時間帯**に注意し、始業時間や終業間際などバタバタしやすい時間、昼休み・時間外など業務時間外はなるべく避けましょう。また、かける相手に知らない人からの電話かと不審に思わせないように、社名や名前、短く伝えられるなら要件も加えて、**事前情報をきちんと伝える**ことです。電話口に出てもらえたら、電話がむやみに長くならないよう、**事前に要件を整理しておく**ことも大事です。

電話のかけ方

❶姿勢を正しく

相手の顔が見えなくても、背すじを伸ばして、笑顔を心がける。そうすることで、自然に明るく、ハキハキした声になる。

❷メモや書類の用意

利き腕の近くにメモを用意しておく。用件が明確な場合は、関係資料・書類をあらかじめ出しておく。

❸デスクをきれいに

関係のない書類や資料を片付けておく。デスクの上をきれいにしておくと、頭の中も整理されやすい。

❹静かな場所で

周囲の音がうるさいと相手の声やこちらの声が聞き取りにくいので、なるべく静かな場所で電話する。外がうるさい場合は、窓を閉めてから電話をかける。

電話をかける手順

❶名乗る・呼び出し

〇〇社の〇〇と申します。お世話になっております。おそれいりますが、営業１課の〇〇課長におつなぎいただけますでしょうか。

❷再度名乗る

〇〇社の〇〇でございます。お世話になっております。ただいま、お時間をいただいてもよろしいでしょうか。

❸本題を話して確認

かしこまりました。では、〇月〇日の１４時に御社にてお打ち合わせということでお願いいたします。

❹あいさつ

お忙しいところ、ありがとうございました。それでは失礼いたします。

相手が不在のときに注意したいのは、電話口の人が「折り返しかけ直す」といってくれても、相手との関係を考えてお断りすることです。相手が目上の人や新規顧客の場合、かけ直してもらうことはあり得ないこと。「こちらから後ほどおかけします」と言いましょう。また、「〇〇社の〇〇ですが、**電話があったことをお伝えください**」という伝言もありますが、場合によっては意味がないことが多いので、先にメールを送って「メールをお送りしましたとお伝えください」など、次の連絡につながるような伝言をしましょう。

060

スマートな電話の受け方とは？

電話を受けるときの基本は、**待たせないこと、印象のよい受け答えをすること、情報を確実に受け取って記録すること**の３点です。記録のポイントは、**相手の会社名、名前**、差支えがなければ折り返し連絡するための**連絡先**を確実に押さえることです。相手が要件や伝言を言ってくることもありますが、「納期の件」「打ち合わせの件」など、なるべく一言でいえる範囲で充分。細かい内容を聞いてもあまり意味はありません。

ちょっとしたことから誤解を受けやすいのが電話のやり取りです。**電話に出た人は会社の代表**であるという意識を持って、普段の会話以上に話の内容や言葉遣いには注意しましょう。

電話を受ける心構えとマナー

❶会社の代表という意識を持つ

電話の相手にとっては、「電話に出た人」イコール「会社の代表」。新人社員であっても、会社を代表して電話を受けているという意識が必要である。

❷コールは３回以内まで

電話が鳴ったらすぐ出るのは基本のマナーであり、サービスでもある。多くてもコールは3回以内、できる限り早く電話に出ること。

❸明るくソフトな声で対応

電話の相手にとっては、あなたの声がすべて。明るくやわらかい声で、はっきりした発音で話すこと。話す内容がよくても、声のトーンが暗いと、マイナスの印象を残すことがある。

❹言葉遣いは丁寧に

電話でも言葉遣いは丁寧に。特に、何かを否定する場合は、「わかりません」「いません」ではなく、「存じ上げません」「おりません」と丁寧に答えること。

❺折り返し連絡するためのメモを用意

不在の人に伝言するためのテンプレートを用意しておくこと。相手の情報（会社名、部署名、個人名）、受けた日時、するべき対応（折り返しが必要かどうか、必要なら電話番号。至急か通常対応かもわかるように）、そして用件の内容を的確に伝えること。

061

電話における
クレーム対応

ある会社のカスタマーサポートの担当者いわく、ユーザーやお客様からクレームが入った場合は、とにかく相手の話をじっくり最後まで聞き、きちんと理解してあげること、それだけでほとんどのクレームは解決するそうです。なぜなら、人は**自分の話を聞いてくれて、理解してくれる人**を好きになるからです。だからクレーム対応の基本は、相手の話をさえぎらないでともかく聞くことに限ります。そして激高している相手を鎮めるコツは、ひと通り話を聞いたあと、理由をつけて一度電話を切って**時間を置くこと**です。30分ほど経ってから改めてかけてみると、あっけないくらい相手の気持ちが落ち着いて解決してしまうことがあります。怒りの感情はそんなに長く続くものではないからです。

クレーム対応の基本

3つの基本

- とにかく相手の話を聞く
- 途中で相手の話をさえぎらない
- 相手が落ち着くまで時間を置く（30分置いてからかけ直す）

3つのNG

- 否定的な態度
- 第三者的な態度
- 感情的な態度

3つの原因

- 商品・サービスの欠陥
- 接客態度が悪い
- 社内のルールを押し付ける

クレームになる原因で大きいのが、**社内のルールを押し付ける**ことです。「システムのメンテナンスのため来週にならないと商品を発送できない」「オンラインで登録してもらわないと購入できない」「レシートがないと返品できない」など、「会社の決まりごと」「会社の都合」による**無理を顧客に押し付ける**ように思われた場合に、もっとも揉めるクレームになりがちです。「決まりですから」はもちろん禁句です。

062

携帯電話・スマートフォンのマナー

携帯電話・スマートフォンは、ビジネスにとってなくてはならないツールとなりましたが、基本的な応対は固定電話と同じです。しかし、**相手の空間に突然立ち入り、相手の時間を制約する**という電話の持つ特性がより先鋭的になったのが携帯電話です。だから、「相手が忙しい時間帯か」「移動中ではないか」など、**より相手に対して入念に気を遣い**、また、「電波は大丈夫か」「自分のいる場所はうるさくないか」など、こちらの状況にも注意しなければなりません。**「ただ今、お電話よろしいでしょうか？」**というのは、携帯電話ができてから使うようになった新語です。会社によっては、携帯電話が当たり前の会社とそうではない会社があるので、前もって相手の状況を聞いて、固定電話か携帯電話の**どちらの電話にかけるべきかを知っておく**のも大事なマナーです。

携帯・スマホのマナー

●かけるときのマナー

・電波状況に気をつける。
・非通知設定にしない。
・話に集中できる環境か確認する。
・会話がほかの人に聞かれないか注意する。
・最初に自分の会社名から名乗る。
・相手の状況に気を配る。「いまお電話、大丈夫ですか？」など様子を聞いて、都合が悪ければかけ直す。
・夜遅くや休日など、通常の勤務時間以外にかけない。
・長引きそうな話題、重要な話題はNG。
・相手の携帯番号を知っていてもまずは会社にかける。
・「もしもし」は基本的にNG。

●受けるときのマナー

・交通機関や病院などでは通話厳禁。いったん外へ出て通話する。
・運転中は電話に出ない。
・電話に出たら、社名と名前を名乗る。
・都合の悪い場所や時間にかかってきた場合、「○分後にかけ直します」と伝えてから電話を切る。
・出られなかった場合や、着信や留守電に気づいたら、必ずかけ直す。
・会議や打ち合わせ中に外せない電話がかかってくる可能性がある場合、目の前の相手に事前に断っておく。

●スマホのマナー

・通常は電源ON、マナーモード。
・商談中は電源OFF。
・勤務時間に私用のメールやSNSのチェックをしない。
・会議中、打ち合わせ中はスマホをみない。
・打ち合わせ中、調べもの等でスマホを検索に使う場合、「いまから検索して調べる」旨を相手に伝えておく。私用で使っていると誤解させない。

コラム　充電はマナー違反か？

会社で携帯電話やスマートフォンの充電をしている人は多いですが、**本来はマナー違反**です。上司によっては「そんなのは家でやってこい。会社のコンセントから無断で充電するのは**電気泥棒だ**」という人もいます。**「自分のスマホは仕事でも使っている」「仕事で使った電話料は会社からもらっていない。充電くらい許容範囲」**という意見もあり、公私の線引きが非常に難しい部分もあるので、充電する場合は周りのコンセンサスをきちんと取っておきましょう。

063

ビジネス文書のルールはかんたん！

ビジネスで使用する文書には**紙の文書**と**メール**、**FAX**がありますが、現在は、**情報を伝える役割はほぼメール**で網羅しており、契約書や見積書や請求書など**商取引で捺印が必要なもの**と案内状や通知状など**礼儀的なもの**が**紙文書**として残っています。FAXはメールで代替できるので、相手に差し出す文書としてはFAX注文以外ほとんど使われておりません。

紙の文書には**社内文書**と**社外文書**がありますが、**社内文書**は会社によってフォーマットが決まっており、ほぼ電子化されているので作成することはありません。**社外文書**も契約書や請求書などはフォーマットが決まっているので、あなたがつくる可能性がある紙の文書は、**案内状や通知状などの礼儀的なものだけ**です。

作成すべきビジネス文書は ほぼメールのみ！

ビジネス文書			つくる必要
紙文書（社内文書）	稟議書、業務日報、各種届書など	ほぼ電子化されている各社フォーマットあり	×
紙文書（社外文書）	捺印が必要なもの（契約書・請求書など）	各社フォーマットあり	×
	礼儀的なもの（案内状、通知状など）	一般的なフォーマットあり	△
メール	―		○
FAX	メールで代替		×

だからメール以外のビジネス文書をつくる局面は、いまはほとんどないと言っていいでしょう。ただし、紙文書は**商取引のもっとも重要な局面**に必要となるものなので、ポイントは押さえておかなければなりません。メール文書も基本は紙文書。ビジネス文書のマナーはどんなツールを使っても同じなのです。

064

ビジネス文書の書き方

文書には基本的な形式があります。必要な要素、配置などに決まりがあるので、基本を押さえれば他の文書にも応用できます。右に**社外文書**の案内文例を載せました。宛名は個人名宛ての場合は「社名、部署名、役職名、名前、敬称」、不特定多数宛てなら**「取引先各位」「お客様各位」**などと書きます。本文は、**「拝啓〜敬具」で囲まれた本文**と、**「記〜以上」で囲まれた箇条書き文**という構造になります。

社外文書から**時候の挨拶を抜いて、尊敬語・謙譲語を丁寧語に変えたもの**が社内文書の基本となります。メールやＦＡＸの文章もこれに即して書きます。

ビジネス文書の例

フォーマット例

2021年○月○日

いろは商事株式会社
営業部営業課 課長　吉田一郎様

〒000-0000東京都千代田区○○○○○
ABC株式会社　広報部

件名は内容が
つかめるものに

時候の挨拶は
不可欠

新製品「○○○○」展示会のご案内

内容は
短いセンテンスで
簡潔に

拝啓　陽春の候、貴社ますますご盛栄のこととお喜び申し上げます。
平素は格別のご高配を賜り、厚くお礼申し上げます。
さて、このたびは弊社では、かねてより研究開発を進めてまいりました「○○○○」が製品化の運びとなりました。本製品は、消費者の方からいただいたご意見を参考に機能の追加と操作性の改善、さらにコストダウンをはかっており、各業界より注目をいただいております。
つきましては、一般公開に先立ち、本製品の展示会を下記の通りを開催いたします。ご多忙中とは存じますが、ぜひご来場賜りますようご案内申し上げます。

敬具

「記」は箇条書き
のしるし。中央へ

記

「拝啓」の結語
「敬具」を忘れない

1．日時：2021年2月10日（水）午前10時30分より
2．場所：○○ホテル7F 鳳凰の間（千代田区○○・○○線○○駅より徒歩3分）
3．お問い合わせ先：広報部　中谷・広田（直通：03-XXXX-XXXX）

以上

住所、最寄り駅、
建物の階数、部屋名
まで漏れなく

「記」のしめくくりは
「以上」

065

書類送付の決まりごと

社外文書には請求書や見積書、契約書などの**商取引に必須の文書**と案内状や通知状などの**礼儀的な文書**がありますが、分量でいえば圧倒的に商取引の文書が多いです。それらの文書には挨拶文がないので、必ず送付状を同封するようにしてください。内容はシンプルで構いません。宛先（請求書の場合は会社名＋御中でＯＫ）、こちらの連絡先、同封した書類のリストを記します。

場合によっては、送り状ではなく**一筆箋を添える**という方法もあります。商品やサンプル、パンフレットや企画書、提案書を送付するなどの**売り込み段階の場合**は、手書きで一筆添えることによってあなたの印象が数段アップすることもあります。試してみてください。

送付状・一筆箋・請求書のマナー

●送付状の例

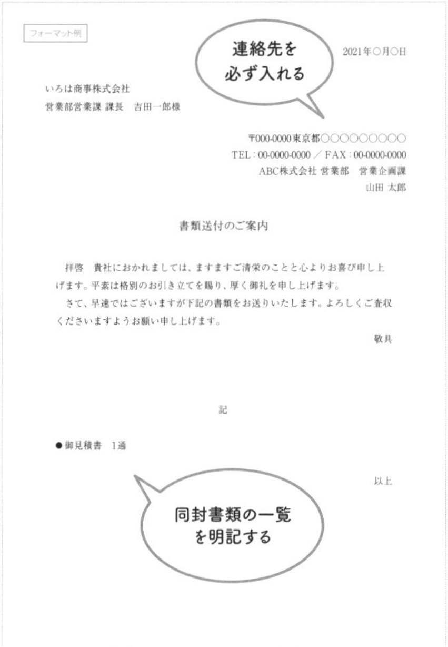
フォーマット例

2021年〇月〇日

いろは商事株式会社
営業部営業課 課長　吉田一郎様

〒000-0000東京都〇〇〇〇〇〇〇〇〇
TEL：00-0000-0000 ／ FAX：00-0000-0000
ABC株式会社 営業部　営業企画課
山田 太郎

書類送付のご案内

拝啓　貴社におかれましては、ますますご清栄のことと心よりお喜び申し上げます。平素は格別のお引き立てを賜り、厚く御礼を申し上げます。
さて、早速ではございますが下記の書類をお送りいたします。よろしくご査収くださいますようお願い申し上げます。

敬具

記

●御見積書　1通

以上

●一筆箋の例

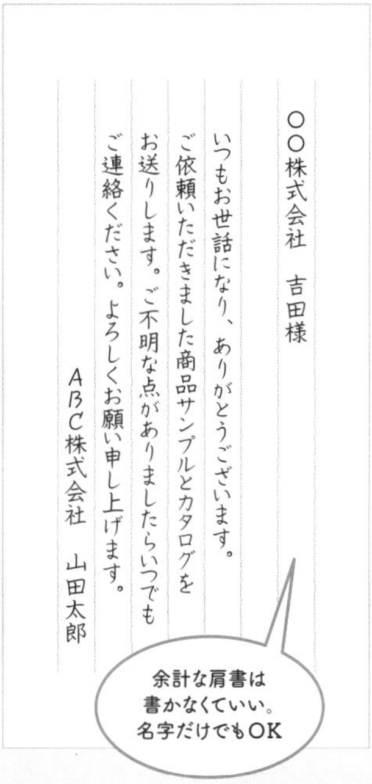
〇〇株式会社　吉田様
いつもお世話になり、ありがとうございます。
ご依頼いただきました商品サンプルとカタログを
お送りします。ご不明な点がありましたらいつでも
ご連絡ください。よろしくお願い申し上げます。
ABC株式会社　山田太郎

●請求書の入れ方

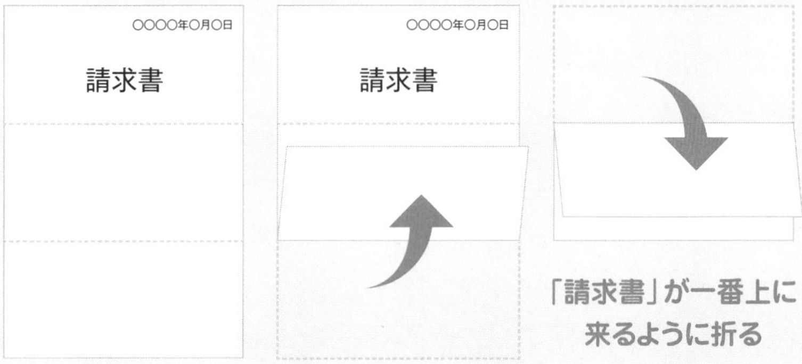

066

「電話派」「メール派」はいまだに混在する

ビジネスにおいて相手とやり取りする際に使われるツールは、電話とFAXの時代からメールの時代へ、そして近年はチャットなどが利用されるようになりました。中でも特に大きかったのはメールの導入で、いまだに**正しいメールのマナーというものは確立していません**。「メールよりも電話のほうが早い」「メールは仕事をしている気になるだけ」という極端な**電話派**がいる一方、相手が隣席にいてもメールでしか連絡してこない極端な**メール派**もいます。社外からの電話に対しても「電話は仕事の邪魔」「時間のムダ」と考え、電話には一切出ないという人もいます。そんな極端な「電話派」と「メール派」が混在するおかしな時代にいえるたったひとつのルールは、**相手によって使い分ける**ということです。

電話とメールの違い

	電話	メール
スピード	早い	早くはない
時間	相手の時間を制約	相手の時間を制約しない
コミュニケーション	双方向	一方通行
記録	なし	あり
一斉送信	できない	できる
メリット	・早い。すぐに連絡が取れる ・返答も早い ・ニュアンスが伝わる	・相手の邪魔をしないので連絡が取りやすい ・「言った」「言わない」のトラブルがなくなる ・一斉送信できる

だから、メールで連絡が来ている人にはメールで、電話には電話で返すのが基本です。緊急でない場合や、やり取りの記録を残したい場合はメールを使ったほうが無難ですが、メールを好まない人には電話で返したほうがいいです。「メールを送ったのでみておいてください」という**確認、念押しの電話も大事なコミュニケーション**です。

067

メールの文章は15秒で読めるものを！

メールの文章の基本は、**長い文章は書かない**ことです。どうしても伝えたいことがたくさんある場合は、なるべく箇条書きを使いましょう。右の文例では箇条書きにしていますが、文章にすると、「打ち合わせの内容ですが、既存会員に向けてのサービス変更の告知方法と新規会員キャンペーンの概要、そして今後のスケジュールについてご相談したいと思います」となり、さっぱり頭に入ってきません。

段落と段落のあいだは必ず１行空けてください。相手は毎日大量にメールを受け取っており、文章をいちいち読んでいません。**パッと見て要件が伝わる、１５秒以内で読める**のがわかりやすいメールの基本です。

だからメールは**１メール１用件**が基本です。同じ相手に２つ用件がある場合は２通に分けて送る。同じ相手から２通メールが来ても返信は１通にまとめないようにしましょう。

メールの基本的な書き方

文例

最初のやり取りでは相手の会社名、部署名、役職、名前、敬称をきっちり書く。２回目以降は「○○様」だけでOK

件名：お打合せの件

いろは商事株式会社
営業部営業課　課長　吉田一郎様

短い文章で１段落は３行程度までにまとめる。段落のあいだは１行空ける

お世話になっております。
ABC株式会社の山田です。

先日はお忙しい中、お時間をいただきありがとうございました。
ご要望いただきました点を検討し、改めて打ち合わせをお願いしたく存じます。
内容は下記のとおりです。

○既存会員に向けてのサービス変更の告知方法
○新規会員キャンペーンの概要
○今後のスケジュールについて

文章にせず、なるべく箇条書きを使う

つきましては、近日中に改めてお打合せいただければ幸いです。
来週ご都合の良い日時をお知らせいただけますでしょうか。

以上、よろしくお願い申し上げます。

「以上」で終わるメールを書く人は多いが、不愉快に思う人も。必ず、「以上、よろしくお願い申し上げます」など、文章で終わること

ＡＢＣ株式会社 営業部　営業企画課
山田 太郎
〒000-0000　東京都○○○○○○○○○○○○○
TEL：00-0000-0000 ／ FAX：00-0000-0000
携帯電話番号：00-0000-0000
Mail：***@*******.co.jp

社外なら「よろしくお願いいたします」はNG

068

メール署名作成のマナー

メールの最後に載せる「署名」（フッター）には、名前や会社、連絡先など送信者の情報を知らせる重要な役割があります。会ったことがある相手には、メールアドレスや電話番号など、名刺に書かれている「連絡先」を記載することによって**相手からあなたへのアクセスをしやすくする役割**があります。以前は相手に電話をするときは名刺入れを探して電話番号を探していましたが、いまはまず**メールを検索するのが普通**です。だから、**電話番号が入っていないメールの署名はビジネスマナーとして論外**ですのでご注意ください。

署名にはまた「自分が何者であるか」を伝える機能もあります。会ったことのない相手にメールを送る場合でも、自社ホームページのURLなどを記載することによって、相手がこちらに興味を持ってくれることもあり、取引が円滑に行えるというメリットもあります。でも、**「PRしすぎ」もまたNG**です。

署名の良い例・悪い例

●良い例

ABC株式会社 営業部　営業企画課
山田 太郎
〒000-0000　東京都○○○○○○○○○○○○○
TEL：00-0000-0000 ／ FAX：00-0000-0000
携帯電話番号：00-0000-0000
Mail：***@*******.co.jp
URL：https://（自社サイトのURL）

改行を入れて見やすくする

自分の役職は入れない（ここが名刺と違うところ！）

●悪い例①：改行をしない

ABC株式会社 営業部　営業企画課　山田 太郎
〒000-0000　東京都○○○○○○○○○○○○○　TEL：00-0000-0000 ／ FAX：00-0000-0000　携帯電話番号：00-0000-0000　Mail：***@*******.co.jp　URL：https://（自社サイトのURL）

●悪い例②：情報を書かない（よくある事例です）

ABC株式会社　山田

●悪い例③：PRのしすぎ

お陰様で創立35年
4,000社のクライアントを抱える国内最大のPR会社
○○新聞で「××」の取り組みが紹介されました
https://xxxxxxxxxxxxxxxx

ABC株式会社 営業部　営業企画課
山田 太郎

069

メール返信のマナー

同じ相手とメールのやり取りをしていると、**引用文**（メールの履歴）によってメールが極端に長くなってしまうことがあります。右のように、件名は「RE：RE：RE：RE：RE：」の連続、本文の下部は「＞＞＞＞＞」の引用マークが積み重なる状態です。**引用文が長すぎると、調べたい内容を探すのに逆に時間がかかったり、送られてきたファイルの添付に気がつかない**こともあります。しかし、引用文がないと、それまでのやり取りの中身がわからず、すぐに返信ができないこともあります。人によっては1通1通、送られてきたメールの履歴を消して件名も付け直して返信する人もいれば、「RE：7/29でお願いします→RE：お打合せの件」のように、件名だけ打ち変えて返信する人もいます。**返信のルールは人それぞれ、**メールのバージョン管理には注意しましょう。

こんなメールになっていませんか？

文例

件名：RE: RE: RE: RE: RE: お打合せの件

本文：メールの下部はこんな状況に

引用が積み重なると、
内容の確認に時間がかかったり、
そもそも「気がつかない」といった
弊害があるので注意

＞＞＞＞＞
＞＞＞＞＞
＞＞＞＞＞＞----- Original Message -----
＞＞＞＞＞＞From: Ichiro Yoshidai (吉田一郎) <ichiro_yoshida@XXXX.com>
＞＞＞＞＞＞To: 山田　太郎 <Taro.Yamada@XXXX.co.jp>
＞＞＞＞＞＞Date: 2020/4/13, Mon 11:08
＞＞＞＞＞＞Subject: RE: お打合せの件
＞＞＞＞＞＞
＞＞＞＞＞＞ABC株式会社　山田様様
＞＞＞＞＞＞
＞＞＞＞＞＞お世話になります。いろは商事の吉田です。
＞＞＞＞＞＞大変お手数ですが、先日のお打ち合わせ資料の最新版をお送りいただけます
＞＞＞＞＞＞よう、お願い申し上げます。
＞＞＞＞＞＞

●やり取りがたいへん

・再送が多い場合。「ファイルの添付を忘れてました！　再送します」など
・CCの人から横やりの一言があり、誰からの返信かわからなくなる
・途中で転送のメールが混ざり、誰の文面かわからなくなる

●考えられる対策

・1通1通、送られてきたメールの履歴を消して、件名も付け直して返信する
・タイトルのみ、新しい件名を追加する
・3往復に1回程度、履歴と件名をクリアする

070

CCメールのマナー

　メールの送り先を指定する欄には「宛先」「CC」「BCC」の３種類があります。

　CCはカーボンコピーの略で、受け取った人たちのメールアドレスが表示されるので、**自分以外に誰が受信したかがわかります**。CCは、メールの内容を「参考まで知らせておきたい人」を指定する欄です。たとえば、取引先へ打ち合わせ予定連絡のメールを送るときに、同行する上司をCC欄に入れておくことにより、**上司には連絡のメールを出したことを、取引先には上司にもそのメールを送ったということ**を伝えることができます。取引先が「全員に返信」した場合、上司にもメールが届き、**情報共有**が可能になります。

「念のため」CCメールに注意！

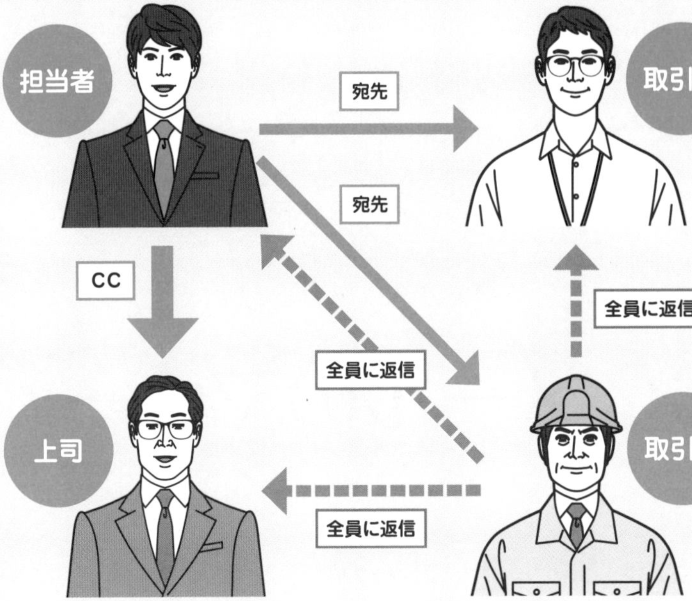

しかし、ここで困るのが「とりあえずCCに入れておこう」「念のために入れておこう」と、多くの人にCCを送るという**間違ったCCルール**です。仕事の打ち合わせから実際の納品までどんなメールでも「とりあえず」上司に報告しておこうという気持ちはわかりますが、取引先とあなたの細かいメールのやりとりがすべて上司に届くと、前ページのような、ほとんど**迷惑メール状態**になってしまいます。上司や関係者にCCを入れることによって「自分はちゃんと報告してます」「過去のメールをみればわかります」と言いたいのはわかりますが、それは仕事の**アリバイづくり**といって、もっともやってはいけない**責任逃れ**のひとつなのです。

071

BCCメールのマナー

　BCCはブラインドカーボンコピーの略で、メールが一斉送信されたことはわかりますが、**自分以外の誰に送信されたかはわかりません**。まず言えるのは、**BCCメールは非常に危険なメール機能なので、使わないに越したことはない**ということです。

　BCCとは「こっそりあなたにも伝えますよ」という**もともと怪しい機能**です。受信者側にBCCのアドレスは表示されないので、たとえば取引先に謝罪するメールを送るときに、上司にBCCを入れることはよくあることです。ただ、上司がBCCで受信したメールへの返信をあなたに送るとき、**うっかり「全員に返信」**したら目も当てられません。**「トラブル処理、大丈夫か」**などといったあなたへの返信が、**取引先に筒抜け**になってしまうからです。要は、**BCCは普通のメールのやり取りには使わないこと**が基本です。

BCCメールはなるべく使わない！

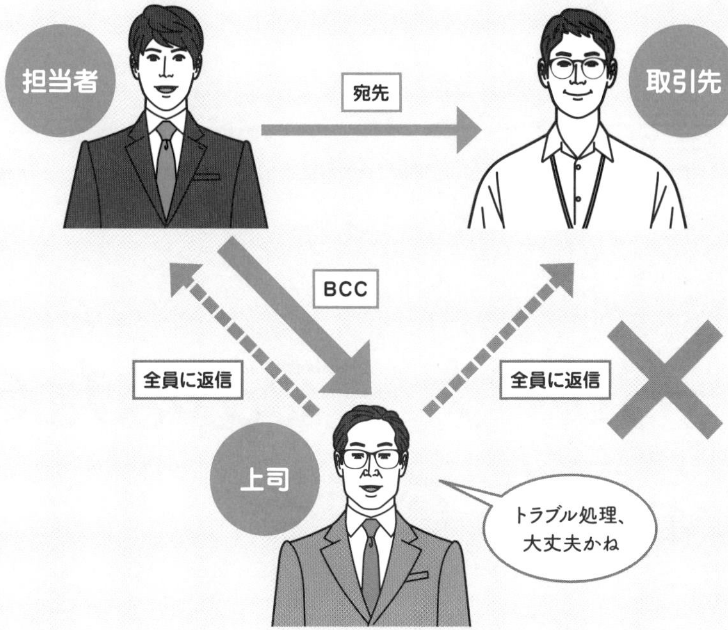

072

メールマナーであなたの力を発揮できる

ビジネスにメールが導入されてから20年以上経ちますが、結局、いまだに**正しいメールのマナーというものは確立していません**。たとえば、CCが10人も入っているメールが届いたとします。そのとき、単純に**「全員に返信」**をすべきかどうかを考えて、宛先の人だけで良いと判断し、その**宛先の一人にメールを返した**とします。すると、**次の返信には送っていないのに再び10人のCCがつけられています**。「全員に返信すべきです！」という無言の圧力ですが、これはよくある話です。

要は、用件の内容にかかわらず**機械的に「全員に返信」するのがその会社のルール**なのであり、社外の人にも同じオペレーションを要請する。メールの内容や目的がわかりにくくなってもそれは良しとしているのです。

ルールが曖昧なメールマナー

- CCを付けて送られたメールに「全員に返信」するべきか？
- 同じ用件なのに新しい件名でメールを送ってはいけないか？
- まったく違う内容のメールを件名も変えずに返信メールで送ってはいけないか？
- 件名を変えずに「RE:」で送るのは無作法か？ など

つまりは、**メールマナーのルールというものはどの会社にもなく**、内容のわかりやすさなど、メールの出来の良し悪しは**個人に委ねられている**ということです。電話や接客のマナーと異なり、ルールやマニュアルがない、だからこそ、掘り下げていくとあなたの価値を大きく高めるのがメールマナーなのかもしれません。

073

社内の業務プロセスを「外」にみせない

マイクロソフトのワープロソフトであるワードには便利な機能がたくさんついています。ところが、**便利＝複雑**というのはありがちなことで、人とワードファイルをやり取りする場合は一定のルールが必要です。**変更履歴機能**は、文書を複数の人が共同編集するときや校正をするときなどに、変更前と変更後の状態をひとつの文書上で確認できる機能ですが、履歴が残った状態で社外にファイルを送ってしまうことが多々あります。これは**社内の業務のプロセスを社外に公開する**ようなもので、非常に恥ずかしいことです。履歴を表示しない最終版であることをきちんと確認してから送るか、プリントアウトの状態と同じである**PDFファイルに変換**してから送るようにしましょう。

最終版でのやり取りがマナー

●ワードの画面例

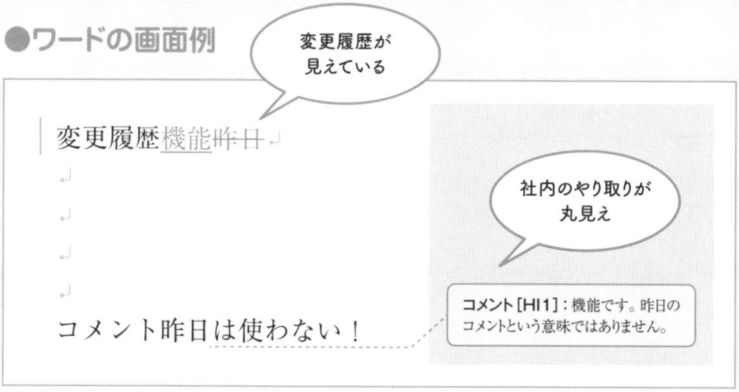

もうひとつが**コメント機能**で、文書の校正をする人が作成者に対して「このような意図で修正した」「ここはこうしてほしい」などの意見を残す機能ですが、これも社外にみせてよいものではありません。表示しないのを確認してから文書を送りましょう。

074

SNSのマナー

LINE、Twitter、Facebook、Instagramなど、SNSはコミュニケーションツールとして気軽に便利に使えますが、使い方を間違えると大きなトラブルを引き起こしてしまいます。SNSは閉じた場所でなく、**世界中に開かれた公共の場**なのです。慎重に責任を持って利用することが大事です。SNSの誤用により、**会社の機密情報の漏えい**、**顧客の悪口や反社会的な発言によるイメージ悪化**、イメージ悪化による**人材採用への悪影響**、場合によっては、不買運動などによる**閉店や倒産に追い込まれるリスク**が発生します。

問題なのは、社員自身でなく、**社員の家族の投稿がトラブルになった事例**です。会社の機密事項を家族にうっかり話したら翌日には炎上していたという、シャレにならないこともあり得るのがSNSの世界なのです。

SNSでありがちなトラブル

●会社でありがちなトラブル

・会社の公式アカウントで個人的な意見を書いて炎上
・リリース前の製品情報をうっかり投稿。取引先との契約違反に
・「具合が悪い」と会社を休んでいるのに、頻繁にSNSに投稿して上司にバレて叱責
・来店した芸能人の悪口を店員が投稿。店が特定され問題に

●家族に話すのにも注意を

・来店した芸能人のことを店員が娘に話し、娘がSNSに投稿して炎上
・人気商品の未発表の新作パッケージ写真とCMに起用予定のアイドルの名前がSNSに書き込まれて問題に。メーカーの社員が娘に話したところ、娘が投稿、流出

●個人が特定されるトラブル

・飲酒運転のことを書き込んで非難を浴び、個人が特定される
・愛車の写真（ボンネットに建物が映っていた）から自宅を特定され、空き巣被害
・SNSのアカウントが乗っ取られ、身に覚えのない高額請求

ツイッターなどの
気軽な情報発信にこそ、
細心の注意が必要！

タロウ
@ABC企画

昨日先輩に訊いたんだけど、うちの会社、残業のことを「二次会」、飲み会のことを「三次会」っていうんだって。ハハハ、なんか楽しそう！

かんたんチェック！

自分の立ち位置を把握するための書き込みノート

電話・文書・メールを使うときのルールについて考えてみましょう。

● 電話でのクレーム対応で相手を怒らせてしまうことはありませんか？

● メールの文章が長すぎる、読みにくいと言われたことはありませんか？

● メールを送る際、安易にCCを使いがちではないですか？

● 客先に変更履歴やコメント付きの文書を送っていませんか？

第8章

1分でわかる！
訪問の基本

いよいよ商談の現場に行くことになりました。
他社を訪問するときに大事なのは、
あなたは会社の代表だということです。
身だしなみや礼儀、ビジネスの進め方のすべてが、お客様や取引先が
あなたの会社を評価するものさしになるので注意しましょう。

075

アポイントはどうやって取るの？

商談などで他社を訪問するときは**アポイント**（面会の約束）を取るのが礼儀です。突然の訪問は相手に失礼なうえ、不在時はムダ足になってしまいます。アポイント取りの基本は**電話連絡**です。電話をかける際には、**訪問の日時をすぐに提示できるように**、予定を書いた手帳などを開いておきましょう。**新規顧客**の場合はまず、先方の**担当者へ取り次いでもらうまでが一仕事**。あいさつと名乗りに続き、用件を手短に伝えて担当者につないでもらいましょう。相手につながったら、すぐにはっきりと用件を伝えること。相手はあなたの訪問を**歓迎してくれるか、断るかのどちらか**です。遠回しな言い方、曖昧な表現はかえって邪魔です。少々ぶしつけでも、相手のYesかNoを聞き出すのがアポイントの仕事です。

アポイントを取る3つの準備

心構え

電話アポイントは断られて当然。気楽な気持ちで、なるべく忙しくないであろう時間帯に電話をかける。もちろん、礼儀正しさは忘れずに。

内容

「自己紹介」「担当者につないでもらう」「訪問の日時を提案する」など、電話アポイントの流れをメモした紙を目の前に用意し、電話する。

話し方

少し高いトーンでゆっくりハキハキ話す。相手に見えなくても背筋をのばすこと。姿勢は、意外と電話の相手に伝わってしまう。

コラム 「ともかくアポイントを入れる」仕事術

あなたは商談の資料をしっかりつくってからアポイントを取りますか？　もちろんそのほうが安心して相手に電話をかけることができるかもしれませんが、仕事の手順としては間違っています。資料をつくるのに１週間、それからアポイントを取ったらまた１週間後ということになれば時間のムダでしかありません。**まずはアポイントを取ること**、それによって**期日を設定してから準備に取りかかる**と、仕事のスピードはケタ違いに上がります。新人のあいだはともかくアポイントをたくさん入れて、たくさんの締め切りをこなすことを心がけてください。

076

他社訪問時のマナー

他社を訪問するときに大事なのは、あなたが**会社の代表、会社の顔**だという意識を持つことです。相手はまずあなたを個人名で覚えてくれるのではなく、**「○○社の営業の人」「○○社の担当の人」**という記号で記憶します。だから、身だしなみを整えたり礼儀正しくすることは当然のこと、相手との面談でのあいさつや名刺の渡し方、説明資料の内容、プレゼンテーションの態度そのものが、すべてあなたの会社を評価するものさしになります。そのためには事前準備はきちんとしておくこと。面談する人数に合わせた**名刺の枚数**や**説明資料の部数**は不足にならないよう余分に準備しましょう。**原則、約束の１０分前到着、遅刻は厳禁**なので、交通手段、所要時間、相手の会社の位置の確認は確実にしておきましょう。

訪問時の3つのポイント

交通手段は？

遅刻は厳禁。訪問日までに交通手段、所要時間、地図などを調べておくこと。

忘れ物は？

名刺、筆記具、地図など、訪問時に必要な資料や書類を確認する。

身だしなみは？

会社を出る前や、駅のトイレなどで髪型や服装をチェック。化粧直しの時間も考慮する。

訪問時の手順

❶コートなどは入口の前で脱ぐ

コートは入口の前で脱ぎ、たたんで片手に持つ、傘は水滴を落として傘立てに入れるか、きちん整えて持つ。

❷受付であいさつし、用件を伝える

受付で、「○○部の○○様と14時にお約束させていただいております」というように伝え、受付の指示に従う。

❸応接室に入ったら、下座で待つ

応接室や会議室に通されたら、下座に座って待つ。上座をすすめられた場合は、上座に座ってもいい。

❹名刺や手帳、必要な書類を用意しておく

相手が来る前に、名刺や資料を出しておく。といっても広げるのでなく、テーブルの上に揃えて、相手を待つこと。

交通機関の事情などで**遅刻しそうなとき**は、わかった時点でできるだけ早く先方に電話を入れましょう。丁寧にお詫びして、**確実に到着する時間を伝えましょう。**また忘れてしまいがちなのは携帯電話、スマートフォンのマナーモード。**バイブレーション機能でも相手には伝わってしまう**ので、サイレントマナーモードにしておくといいでしょう。

077

商談の進め方

　訪問先で打ち合わせや商談を進めるのに重要なのは、**商談の段階が相手とこちらとで一致しているかどうか**ということです。相手が求めてもいないのにいきなり見積書を提示したり、相手の業務の課題や要望を把握する段階なのに自社商品の説明ばかりするといった勘違いはよくあることです。いまやるべき商談の内容は**相手が求めていることか、相手が求めている段階なのか**をよく見極めてそれに合った話をすることがもっとも重要です。商談の段階には、商談するべきお客なのかどうかの**見極めの段階**、お客の課題や要望を**把握する段階**、それを解決・実現する策を**提案する段階**、キーマンや決裁者を**説得する段階**、価格やスケジュールを具体的に**決定する段階**、そして**契約の段階**に分けられます。

商談の各段階

見極め　**相手は商談にふさわしい相手なのかを見極める。**
×悪い例：商品・サービスを検討もしていないお客に売り込む

把握　**ヒアリングでお客の課題を明確にし、目的やニーズを把握する。**
×悪い例：ニーズの表面的な理解、曖昧な理解でヒアリングを終わらせる

提案　**自社の商品・サービスを活用した具体的な解決方法を提案する。**
×悪い例：有りものの提案書を使いまわす。自社のベストプラクティスを押しつける

説得　**これまでの担当者とは別のキーマンや決裁者を説得する。**
×悪い例：最後までキーマンを把握できず競合他社に負ける

決定　**契約内容や支払金額、スケジュールを決定する。**
×悪い例：最初の説明が足りず、お客が思っていた契約内容と乖離する

契約　**押印された契約書を回収するまでが契約。**
×悪い例：せっかく契約を取ったのにリースの審査が通らない

商談の現場でもっともありがちで大きなミスが**勘違い**です。商談とは常に言葉でやり取りをするものなので、どんなに綿密に打ち合わせをしているつもりでも必ず齟齬《そご》が出てくるものです。相手との話し合いの中で、いま自分と相手がどの段階にいるのか、どのような状況が進んでいるのかを常に確認しあうことによって小さな勘違いやミスを防ぐことが、大きなミスをしないためのコツとなります。

078

商談の現場を盛り上げる雑談力

打ち合わせ・商談の現場でもっとも重要なのは**雑談力**です。すぐに本題に入らず、雑談で相手をリラックスさせて場の温度を上げることによって本題をスムーズに進めることができます。雑談で使いやすい話題のベスト3は**「天気、ニュース、業界の話題」**、NGの話題のベスト3は**「政治、スポーツ、プライベート」**です。**天気は雑談の基本**で、猛暑の日なら「暑いですねぇ」だけでも話題は盛り上がるものです。**スポーツ**は使いやすい話題でもありますが、ひいきチームの違いでトラブルが起こることも多いので注意。プライベートの話をするのもタブーで、要は**自分の意見や好み、そして自分自身が表に出ない話題**を選ぶことが大事です。

打ち合わせ・商談の現場での流れ

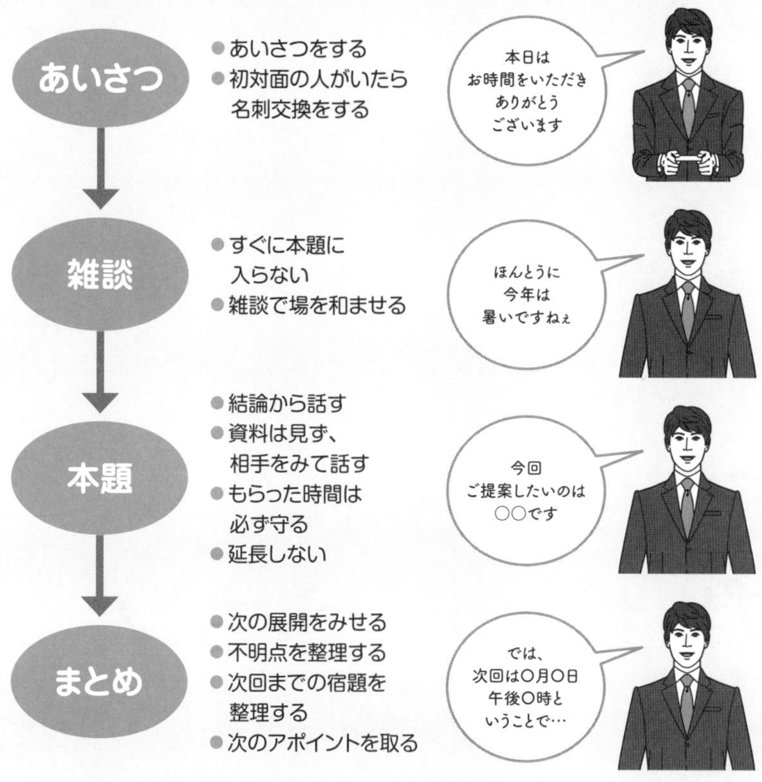

話が本題に入ったらまず、**一番伝えたいこと（結論）を最初に話します。**通常の文章のように**起承転結**で順を追って話してはいけません。結論を述べてからその理由と具体例を挙げ、さらに結論を繰り返すのがわかりやすいプレゼンテーションの基本です。そしてきちんといただいた時間内に収めて、**お互いの課題や宿題を整理して、日程調整をして次の訪問につなげる**のが打ち合わせや商談のマナーです。

079

資料に頼らないプレゼンテーション

プレゼンテーションに欠かせないのがパワーポイント。相手に伝わりやすいパワーポイントの資料をつくるコツは、**文章を書かない**ことです。文章にすると、聴き手はあなたの説明を聞かずに画面の文章を読んでしまいます。パワーポイントの画面に書いてよいのは、**「要点」「キーワード」**のみです。それらキーワードを箇条書きにして、あなたが説明する原稿を整理します。ただし、原稿は文章にして書いてはいけません。文章は書き言葉であり、ついついダラダラと読み上げてしまうからです。原稿はメモ程度にして、その場で話し言葉で説明するのが良いプレゼンテーションのコツです。

パワーポイントには
キーワードだけを載せる

プレゼンテーションといっても、壇上で多くの聴衆を前にして行うものだけではありません。商談ならせいぜい取引先の担当者とその上司ほか、3名程度を相手に説明するのがほとんどのケースとなります。その場合も同じ、準備した**分厚い提案書などの逐語解説はなるべく避け**、相手の顔をきちんとみながら、**要点だけのプレゼンテーション資料をあなた自身の言葉**で説明しましょう。提案書はあとで読んでもらうもの、提案書のキモを取引先にしっかりアピールするのがあなたの仕事です。

080

訪問後のフォロー

他社を訪問した際、訪問後のフォローは大事なマナーです。一般的な打ち合わせや商談のあとなら、訪問した日か遅くとも翌日には必ず**お礼のメール**を出しましょう。打ち合わせた内容をまとめたものや確認事項、保留になっていた案件への回答などと一緒に、**「本日はお忙しい中お時間をいただき誠にありがとうございました」**などの定型句のほか、感謝の気持ちを言葉にして添えましょう。商談後の**納品日程の連絡**も重要なフォローです。打ち合わせで確認したあとでも、実際の納品日や納品場所は忘れがちなもの。再確認の連絡をするのが礼儀です。そのほか、**契約をいただいたあと、「検討する」といわれたあと、課題や宿題をもらったあと**のお礼など、営業ならあらゆる場面でお礼をいうチャンスはあるものです。

訪問後のフォロー文例

件名：ご面談のお礼

○○○○株式会社
営業部 部長　○○○○様

お世話になります。
本日、○○○をご提案させていただきました
ＡＢＣ株式会社の山田花子です。
本日はご多忙にもかかわらず、
貴重なお時間をいただき誠にありがとうございました。

また、御社の現状や今後の展望についてお話しいただき、
心より感謝申し上げます。
弊社の商品に関しましてご不明な点がございましたら、
お気軽にご相談ください。

○○様にお会いできましたご縁を大切に、
より一層精進して参ります。
引き続きよろしくお願い申し上げます。
メールにて大変恐縮ですが、
取り急ぎお礼まで申し上げます。

定型句のほか、
感謝の気持ちをあらわす。
また適宜、改行などをいれ、
読みやすく工夫する

訪問をして**商談不成立だった場合**でも、きちんとお礼のメールを送りましょう。商品検討の機会をいただいたこと、時間を割いていただいたことに感謝すれば、**次の商談につながることもあります**。また、お客様へのお詫びの訪問のフォローについては**封書による手紙が望ましい**です。お詫びの内容やその対策などを書いて、訪問後数日で届くように投函しましょう。

かんたんチェック！

自分の立ち位置を把握するための書き込みノート

お客様を訪問する際のルールについて考えてみましょう。

● 携帯やスマホのバイブレーション着信でお客様に気を遣わせたことはありませんか？

● お客様と雑談するための話題やネタを考えて訪問していますか？

● 商談を進める際、現在の商談フェーズの確認をお客様にとっていますか？

● プレゼンテーションの資料が文章ばかりで冗長になっていませんか？

第9章

1分でわかる！
仕事のノウハウ（基本編）

仕事とは、自分が与えられた「仕事の全体量」と
自分が持つ「労働時間」を客観的に把握して、
なるべく「楽にこなす」ことが一番大事なことです。
そのためには「仕事の全体量を減らす」「人の力を利用する」
「労働時間は増やさない」のが鉄則です。

081

仕事のレベルを上げる時間の使い方

期限のない仕事は仕事ではないと言います。どんな仕事でも仕事と名がつく限りは締め切りがあります。目標達成のための手段である日々の仕事に**優先順位をつけ、それを実行する**のがタイムマネジメントの基本です。優先順位をつける方法としては、**重要度**と**緊急度**という２つの軸によって４つの領域に分ける方法があります。

たとえば、**締め切りがある仕事やクレーム処理、病気や事故への対応**などは**重要で緊急なこと**です。当然のことですが、ここに入ることは最優先に進めてください。また、日常の会議への出席や多くの電話などは、じつは**緊急だけど重要ではないこと**です。本当は後回しでもいいのですが、会社がそれを許してくれません。社会人の普段の時間は、じつはほとんどこの２つの活動で占められています。**重要かどうかよりも、緊急かどうかのほうが優先される**からです。

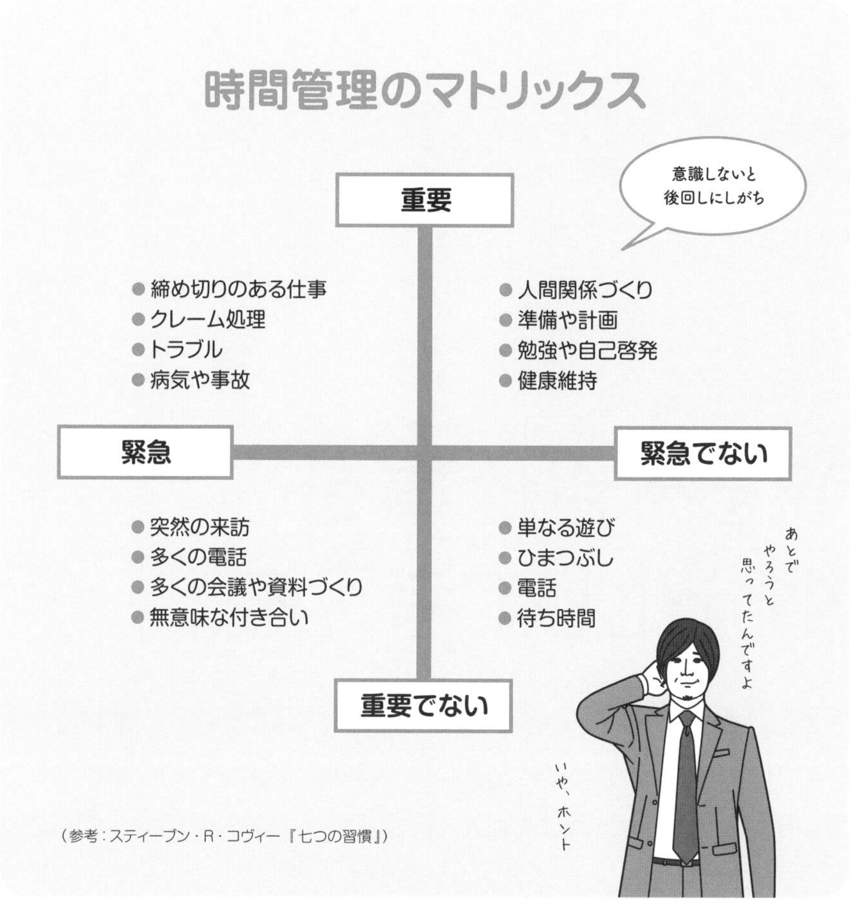

（参考：スティーブン・R・コヴィー『七つの習慣』）

ここで大事なのは、**緊急でも重要でもないこと**（単なる遊びやひまつぶしなど）ではなく、**重要だけど緊急ではないこと**です。これらは後回しにしても誰からも文句を言われません。だから、意識して時間をつくらないと、永遠に実行できないのです。「人間関係づくり」や「準備や計画」「勉強」などは、新しいことを始めるには重要なことですが、つい後回しにしがちです。これらを日々意識して行なうことによって、仕事や生活のレベルは劇的に上がることを覚えてください。

082

やるべき仕事を細分化して考える

では、あなたのやっている仕事、やるべき仕事について、達成期限を決めて３つのリストに分類しましょう。１か月以内に達成する仕事を**マンスリーリスト**、１週間以内に達成する仕事を**ウィークリーリスト**、明日するべき仕事を**アクションリスト**に書き込みます。

たとえば、あなたがIT企業の営業職で、１か月後のＡ社のコンピュータシステムの本稼働とＢ社へのシステム提案があるとします。すると、

【１か月以内】（マンスリーリスト）

・Ａ社システム本稼働

【１週間以内】（ウィークリーリスト）

・Ａ社に納品済みハードウェアの不具合への対応

・Ａ社のシステム担当者Ｍ氏に、本稼働スケジュールの最終報告をする

【明日】（アクションリスト）

・メーカーＳに連絡、不具合対応のスケジュールを確認してＡ社に連絡

・システム開発担当リーダーＷ氏と打ち合わせて、Ｍ氏にアポイントをとる

3つのリストに分類する

マンスリーリスト 9月		期限
A	（非常に重要な仕事） A社コンピュータシステム本稼働	10/1
B	（自分がやるべき仕事） A社担当部長への挨拶	10/1
C	（したほうがよい仕事） A社システム担当者M氏への最終報告立ち合い	10/1
D	（確認のみ） システム開発担当リーダーW氏に最終確認	10/1

1ヶ月以内にすべき仕事

ウィークリーリスト 9/3（月）〜9（日）		期限
A	（非常に重要な仕事） 納品済みハードウェアの不具合への対応	9/7
B	（自分がやるべき仕事） A社のシステム担当者M氏にスケジュールの最終報告	9/7
C	（したほうがよい仕事） 徹夜続きで作業しているシステムエンジニアのフォロー	9/8
D	（確認のみ） システムのテスト稼働状況の最終チェック	9/6

1週間以内にすべき仕事

アクションリスト 9/3（月）		期限
A	（非常に重要な仕事） メーカーSに連絡、不具合対応を確認してA社に連絡	9/3
B	（自分がやるべき仕事） システム開発担当リーダーW氏と打合わせて、A社M氏にアポイント	9/3
C	（したほうがよい仕事） W氏にエンジニアたちの状況を聞く	9/3
D	（確認のみ） W氏に進捗確認	9/3

明日中にすべき仕事

（参考：ブライアン・トレーシー『カエルを食べてしまえ！』）

のようになるでしょう。このように1か月後の目標から整理していくと、1週間後や明日中に何をしなければならないかの整理や確認がしやすくなるのです。

　これらのリストを、さらに**重要度**によって分類したのが上の図です。これはタイムマネジメントの一例ですが、要は**大きい（遠い）目標を把握して、目標と作業を細分化して、小さい（近い）目標と作業から実現していくの**が大事だということです。

083

工数・人月で仕事を考える

工数とは労働者の**作業時間**を把握する用語で、主にシステム開発や製造の現場で使われてきました。単位としては「人月」（1人が1か月従事する作業が1人月）を用いて、1つの**作業タスク全体に必要な作業量**を表します。IT分野で1つのシステム開発に100人月かかるといえば、**10人のエンジニアが従事して10か月**、または**5人のエンジニアで20か月**かかるということです。100人月に人月単価を掛けた金額が、システム開発にかかるコストとなります。1人月を日程レベルに分けた単位が**「人日」**で、通常1か月を20日で計算するので、**1人月＝20人日**となります。建築業界でいう**人工**も同じ考えで、職人さんが1日仕事してかかる人件費のことを言います。だから、1人日＝1人工となります。

1人日の単価はいくらぐらい？

では、1人日の単価はいくらくらいでしょうか。ITエンジニアの平均は1人月80〜100万円で、1日4〜5万円となります。「高い！」という人もいるかもしれませんが、**「010 給料分働くとはどういうことか」**でも説明したとおり、**お客様への売り値であるあなたの労働単価**には会社のさまざまな経費が足されています。次項では人日・人月を利用してあなたの働き方を考えてみましょう。

084

仕事をタスク化・数値化する

あなたの働き方を考えるには、工数計算を利用して、**１か月分の仕事を20日間で割ってみましょう**。まずは４週間で割って、さらに１週間分の仕事を５日で割ります。そして１日でできる仕事を考えます。その１日をさらに「９時から17時まで勤務」として朝３時間、昼３時間で割ってみます（午後の１時間は社内対応、電話対応等の雑務とみます）。すると、**３時間でできる仕事を１タスク**と考える癖がつき、１日の仕事、１週間の仕事、１か月の自分の仕事の総量を測ることができます。

ITシステムエンジニアのタスク管理例

5.5日の工数オーバー ↑

仕事	見積工数（日）	開始日	完了日	11月													
				1	2	3	4	5	6	7	8	9	10	11	12	13	14
				日	月	火	水	木	金	土	日	月	火	水	木	金	土
1か月の作業	25.5																
客先A	21																
プログラム作成	14	11/2	11/19		1.0	1.0	1.0	1.0	1.0			1.0	1.0	1.0	1.0	1.0	
単体テスト	4	11/20	11/25														
システム修正	3	11/26	11/30														
客先B	3																
要件定義打ち合わせ	1.5						0.5							0.5			
ドキュメント作成	1.5							0.5							0.5		
概要設計作業	0																
雑務（会議）	1								0.5								
雑務（伝票処理）	0.5																
合計					1.0	1.0	1.5	1.5	1.5			1.0	1.0	1.5	1.5	1.0	

↓ 業務重複で残業　↓ 会議のために残業　↓ 業務重複で残業

表のように仕事をタスクに分けて数値化してみると、自分の仕事がどれくらいのペースでやれているのか、なぜ残業になってしまうのか、仕事の邪魔をしている要素などを把握できるようになります。**「なんとなく時間が過ぎて残業になってしまう」「いつの間にか仕事がいっぱいになっている」**というような人は、自分の仕事をタスク化、数値化するクセをつけてみましょう。

085

人の時間を使う技術

会社で仕事を抱え込む人の大きな特徴は**仕事を人に振るのが下手なタイプ**です。たとえば、あなたの抱えている仕事が２つあるとします。１つは、あなたがこれから３時間かけて一人でドキュメントを作成するタスク、もう１つは、あなたが10分で簡単なメモや指示書をつくり、人に仕事をお願いするタスクです。

どちらのタスクを優先すべきかは一目瞭然で、まずは**人に託す仕事を優先して、自分にしかできない仕事は後回しにする**ことです。自分が仕事をやっているあいだでも人に働いてもらう、**人の時間を利用する技術**が、あなたの仕事を効率化してくれるのです。

どっちのタスクが優先？

●人に託せるタスクを優先

・10分で指示書を作成し、人に指示 → 翌日、10ページのドキュメントが完成
・自分で2時間作業 → 翌日、自分で作成した10ページのドキュメントも完成

●自分でやるタスクを優先

・自分で3時間作業 → 翌日、自分で作成した15ページのドキュメントが完成
・人への指示は後回し → 翌日、何のドキュメントもできていない！
自分の仕事は終わったが（自己満足）、トータルの生産性は下がっている！

また、仕事に圧倒的に多いのが確認作業です。たとえば「納品予定日の確認」や「スケジュールの再確認」など、要件としてはそれほど重要でも緊急でもなくても、必ずしなければならないリマインドメールは膨大な数となります。こうした連絡作業を最優先にし、**自分のところで溜めず、相手の返信を待つ**スタンスにしておくのも、人の時間を使う技術の１つです。

086

仕事を減らす「引き算」の発想

日本の会社では、**従来の担当者が長らくやっていた**（だけの）**仕事**や、**社内の手続き上必要だといわれてきた**（だけの）**業務**など、現実的には必要がないとも思われる仕事でも、継続してやることが大事だと言われてきました。そうした**足し算の発想**の結果、**やらなければならない業務**は山積みとなっていきました。そこに、「それ意味があるの？」「そんなことやっているとみんな疲れちゃうからやめようよ！」と、ともかく業務からムダを省いて本質的なことだけをやっていこうというのが**引き算の発想**です。**本当に余計な仕事**はどんな会社にも無尽蔵にあるものです。気がついたらあなたも「**それって本当に必要があるの？**」と考えてみて、勇気を出してやめることを提案してみましょう。

こんな仕事、必要？

　あなたの周りの「疲れるからやめよう」業務はどれくらいあるでしょうか。**余計な二重チェックや意味のないセキュリティ管理、必要のないCCメール、BCCメール、それによる社内メール負荷の増大、社内情報共有のための資料づくり等々**、無意味な業務はまさに無数にあります。それをやめて引き算をすることによって、あっという間に日常の仕事量が減っていくはずです。

087

ファイリングは必要か？

新人の頃は資料のファイリングを命じられることも多いでしょう。確かに会社にとって必要な情報を集めて整理して保管することは必要な仕事です。でも、整理した資料が**「何に使われるのか？」「誰が使うのか？」「いつ使うのか？」**ということを一度考えてみましょう。会社にはファイリングだけされて、まったく使われないまま放置されている資料が膨大にあるからです。情報はファイリングすることが目的ではありません。**情報は使うもの、アウトプットすることを前提に集めるもの**で、保管するだけのものではないのです。いま必要な**アウトプットに何が必要なのか**を考えながら情報収集するクセをつければ、ムダなファイリングはなくなるでしょう。

きれいにファイリングするのが目的ではない

コラム　正しいファイリングのノウハウ

①要らないものを捨てること
②ファイルを戻す場所を明確にすること
③ファイルを捨てる時期を決めること
④ファイリング前の書類の置き場所をつくること
（他）分類を一切せず、時間順に並べること（野口悠紀雄『「超」整理法』）

088

段取り力と料理

仕事の**段取り力**を身につけるには料理をするのがいいです。全体のゴールを見据えて細部の調整をするという段取りの作業は、毎日料理をする人なら自然と身についているオペレーションだからです。仕事帰りに冷蔵庫にある材料を思い出します。昨日の玉ねぎとにんじんが残っている。じゃあ、ポークカレーをつくろうと**ゴールを決めます**。スーパーに行ったらじゃがいもよりも夏野菜が旬だったのでなすとひき肉のカレーに変えます。**状況によって目標をアレンジする**のも段取り力です。なすが余りそうなので、サイドメニューとしてトマトとなすを和えたサラダもつくります。材料から料理を**シミュレーションして次の行動を考える力**もまた段取り力なのです。

次の行動を考える力

炊飯、みそ汁、おかずを一番おいしい温度で同時に出せるように**工夫する力**も重要です。時間のかかる炊飯から始めること、みそ汁のだしを取りながら具材を刻む作業、おかずを焼いたり炒めたりするタイミング……それぞれのタスクにかかる時間を考えながら同時進行して一気に仕上げる。まさに仕事の段取りと同じ能力が求められるといえます。

089

仕事は「見て覚える」ものか？

建築の現場などでアルバイトをしたことはあるでしょうか。**職人の世界は「見て覚えろ」の世界。**仕事の始めから終わりまで何ひとつ指示をしてくれません。ひたすら人の仕事を見て自分のものにするしかないのです。では、職人の世界ではない普通の会社はどうでしょうか。ＯＪＴなどで仕事の基本を教えてくれる会社もありますが、いきなり**「１００件飛び込み営業をしてこい」**の一言で外に放り出される会社のほうが圧倒的に多いのです。そこで「どうしてきちんと教えてくれないのか」と不満に思う前に考えましょう。その人の仕事はものを売ったりつくったりすることであり、**人にものを教えることではない**のです。

仕事は見て覚えろ！

だから、「仕事は見て覚えろ」の世界はどこでも変わりません。人に教えることができるような仕事は誰にでもできるような標準的なものばかり。**仕事ができる人はみな、その人が独自で得た自分だけのノウハウがあるものです。**そのようなノウハウはやはり教えられるものではなく、見て覚えるもの、ひたすら真似て、その人から盗むものなのです。

090

仕事のアリバイをつくらない

会社には、仕事の成果よりも「自分がいかにがんばって仕事をしているか」という**アリバイづくり**にあくせくする人がいます。仕事の重要性や緊急性は二の次で、「自分はこんなにがんばっています！」という証拠になるものを積み上げることが目標になっているのです。**本当にやっているかどうかより、やっているようにみえることが重要**なため、形式的な手続き、前例に基づいた行動を重んじます。会議の内容がどんなに希薄でも**会議をやっていることが大事**、トラブルが起きたときは原因が簡単に説明できることでも1から100まで説明するような**報告書を作成することで一仕事終えた気になる**、責任所在を社内ではっきりさせるのは**「上」の承認印を取るため**で、顧客に対してのトラブル再発防止などは別に重要ではないという、仕事よりも**仕事しているアリバイ**が重要な人です。

アリバイ課長のトラブル対応

ただし、会社側がもっとも**重宝するのもまたアリバイづくりの人**であることも確かです。会社の上のヒエラルキーの人ほど、自分の「立場」や「顔」「体面」が重要だからです。自分が下の立場のときには重要だった**お客様の立場や満足**も、自分が上に立った途端に、お客様よりも**自分がそこにいるアリバイ**が重要になりだして、自分のアリバイをあの手この手で守ってくれる部下を重宝するようになるのです。

091

社内評論家にならない

会社には**評論家**がウヨウヨいます。**会社や人のやるどんなことにも批判的で、それなのに自分からは何もやらない人**のことで、一番困るのは、**それを仕事だと勘違いしている**ところです。担当者が新しい企画のアイディアを出してきて、会議でつくってきた資料をプレゼンしたとします。評論家は徹底的にそのアイディアや資料を批判し、ダメ出しをします。建設的な意見はひとつも言いません。**斜に構えて頭が良さそうなことを言うのがカッコいいこと**だと勘違いしているのです。評論家はベテランに近い人で、会社の出世ルートを微妙に外れた人に多くみられます。理屈を述べると一級品なので確かに頭が切れる人が多いのですが、**会社にとって生産的な人材であることはあり得ません。**

評論家とは議論をしてはいけません。相手は**自分が傷つかない絶対安全圏**からしか発言しないので、同じ土俵に立って**理屈で闘ってもムダ**だからです。評論家には一言、「対案を出してください！」と言い張りましょう。**対案をまったく持たないで批判するのが評論家**なのですから。**あなた自身が社内評論家にならないために**心掛けることはたったひとつ、**否定ワード、批評ターム**を使わないようにすることです。

092

仕事で ミスをしてしまったら

仕事でミスをするのは人間だから当たり前のことです。起きてしまったことは仕方のないこと。要は、なぜ失敗したのか考え、**状況を落ち着いて整理する**こと、**上司に報告し判断を仰ぐ**こと、**迷惑をかけたら謝る**ことです。

上司は敵ではありません。たいていのミスやトラブルは上司も必ず経験していることです。ミスをした理由よりもまずは**どんなミスをしたのかを正確に伝えることが大事**で、あなたの話から次の行動を一緒に考えてくれるのが普通の上司です。**「まずは謝れ！」などと謝罪を求める人**は上司にふさわしくありません。ミスのリカバリーが完了し、取引先への謝罪が終わって会社に戻るときに迷惑をかけたことをきちんと謝るのがスマートなマナーです。

ミスをしたときの3つの対処法

❶ 状況を整理すること

感情的になっても状況は改善しません。まずは現状を冷静に分析し、対処法、改善策を考えましょう。

❷ 上司に報告し、判断を仰ぐこと

ミスをしてしまったこと、現在の状況を正確に上司に報告しましょう。やりがちなのは、ミスの一部を隠してしまうことです。自分にとって一番恥ずかしいミスは重要なことであることが多く、致命的なミスになりかねないので注意しましょう。

❸ 善後策を明確にして取引先に説明、謝罪

ミスの原因や再発防止策を具体的にして取引先に誠意を持って説明に行きましょう。

コラム　取引先に謝罪する場合の5つの注意点

①まずは丁寧に謝罪をすること。上司に謝るのとは逆の順番です。

②相手の話を最後まで聞くこと。途中で話の骨を折ってはいけません。

③反論や口ごたえをしないこと。

④責任転嫁しないこと。

⑤再発防止策を伝えること。

かんたんチェック！

自分の立ち位置を把握するための書き込みノート

仕事をする際の時間や段取りのマネジメントについて考えてみましょう。

● あなたはたくさんの時間をかけるのが仕事だと思っていませんか？

● あなたはなるべく多くの人の意見を聞くのが重要だと思っていませんか？

● どんな書類でもチェックに手間をかけるのが大事だと思っていませんか？

● 自分の仕事の成果を数値で把握していますか？

第10章

1分でわかる!

仕事のノウハウ（テレワーク編）

テレワーク時代の仕事のものさしは
「時間」から「成果物」に変わっていくので大変になると言われています。
でも大丈夫。「仕事の全体量」と「労働時間」の関係を把握して
自分の仕事を「見える化」することによって、
上司に成果を見せる方法を見つけましょう。

093

テレワークで変わろうとしている「働き方」

私たちは働く時間を会社に提供して、その対価としてお金を受け取ります。そしてこれまでは、**「働く時間の提供＝会社にいること」**が当たり前の時代でした。だから、**ずっと会社にいて仕事をしている人**が**がんばっている人**というのが、働く人の評価のものさしでした。ところが、新型コロナウイルスの影響によって、多数の会社が続々と在宅勤務やテレワークの導入を始めました。そして、**社員が会社にいなくても一定の成果があがる**ことが徐々にわかりはじめたのです。

そして社員のほうも、これまで**毎日出勤していたのがムダだったこと**に気がつき、会社に行かなくても合理的に仕事ができることがわかりました。一度ムダだとわかったことはこの先、続くものではありません。

テレワークにおける働き方

時間・場所にとらわれない様々な働き方例

在宅勤務

自宅を就業場所とする勤務形態。基本的には通常業務と同じ時間帯で仕事を行う。

モバイルワーク

時間と場所を定めず、移動中や外出先、カフェ等、利便性の高い場所で仕事を行う。

サテライトオフィス

会社が設置したオフィス以外の小規模なオフィスや遠隔勤務用の施設で仕事を行う。

　これまでも、フレックスタイム、裁量労働制、在宅勤務、テレワークなど、**時間にとらわれない働き方**は、ごく小さな範囲で進められてきました。「長時間労働こそ美徳」の時代はとっくに終わっていることに気づいた会社は、今後急激に**成果主義**に変化していくことが予想されます。私たちはそんな成果主義に応える方法を考えなければならないのです。

094

テレワーク時代のメンタルケアとタイムマネジメント

在宅勤務やテレワークが広まるにつれ、働く人たちは戸惑いを隠せないようです。**仕事を測るものさしが「時間」から「成果物」に変わる**と急に言われても、実際には自分のこれまでの仕事のやり方を**どのように変えていけばいいのか**、途方に暮れている人も多いといわれています。「9時から17時まで」など定時の時間に対して給料をもらっていた**タイムワーカー的な仕事をしていた人たち**は、自分が何をもって会社に貢献しているかわからず日々を過ごし、メンタル的に非常に苦しんでいます。

オン・オフの境界がない!?

●これまでの仕事のあり方

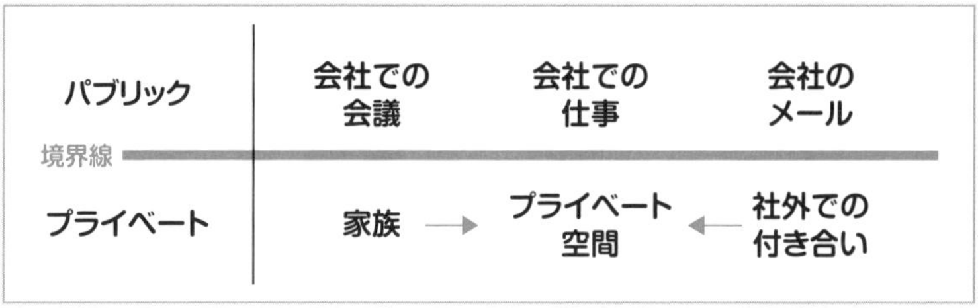

●テレワーク時代の仕事のあり方

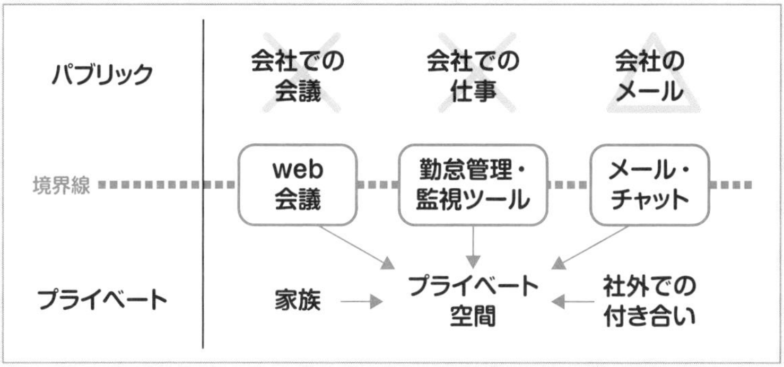

在宅勤務・テレワークによって、これまでパブリックの範囲内で収めていた仕事が、**境界を破ってプライベート空間の自分に集中すること**はメンタルにはよくありません。空間で分けることが難しくなってきたからこそ、オンとオフの境界を守るために**会社人としての自分と個人としての自分**、そして**家庭人としての自分**を明確に分けて時間配分をするようなタイムマネジメントが重要になります。

095

テレワークで「できる人」になるために必要な力

テレワークで「できる人」といわれるために必要なのは、自分を律する**セルフマネジメント力**、物理的に離れている人とうまく情報交換、情報共有ができる**マルチコミュニケーション力**、仕事の成果を上司や会社に見えるように伝える**仕事の成果を見せる力**が重要になります。

セルフマネジメント力とは、同じプライベート空間でもオン・オフの境界を守って自分の時間をきちんと振り分けられる**空間と時間のマネジメント力**。マルチコミュニケーション力とは、**状況により多様なツールを使い分けてコミュニケーションする力**。そして仕事の成果を見せる力とは、成果をできる限り**数値化**し、仕事はできる限り**タスク化**してすぐに会社や上司に見せることができる**見える化力**です。

あなたにかかる3つの嫌疑

096

テレワーク時代の成果の見せ方

（仕事の「細分化」を利用する）

テレワーク時代に上司に仕事の成果を見せるためには、あなた自身が仕事全体のタスクと現在やっている作業のタスクがわかっていなければなりません。そこで有効になるのが、**「082 やるべき仕事を細分化して考える」**で紹介したようなマンスリーリスト、ウィークリーリスト、アクションリストによる自らの仕事の把握と管理です。このリストをつくって「長期」と「短期」の仕事の進行を把握しておくことで、上司には「たったいまやっている作業」が長期の大きなタスクのどの部分をやっているのか、逆に言えば、どのくらいの時期に長期のタスクが終了し、仕事の成果として会社に貢献することができるのか、両面からリアルタイムで説明することができます。

長期、短期で仕事を把握する

	マンスリーリスト 9月	期限
A	(非常に重要な仕事) A社コンピュータシステム本稼働	10/1
B	(自分がやるべき仕事) A社担当部長への挨拶	10/1

	ウィークリーリスト 9/3(月)~9(日)	期限
A	(非常に重要な仕事) 納品済みハードウェアの不具合への対応	9/7
B	(自分がやるべき仕事) A社のシステム担当者M氏にスケジュールの最終報告	9/7

	アクションリスト 9/3(月)	期限
A	(非常に重要な仕事) メーカーSに連絡、不具合対応を確認してA社に連絡	9/3
B	(自分がやるべき仕事) システム開発担当リーダーW氏と打	

通常、テレワークで一人仕事をやっていると、短期的な成果に走りがちです。上司にみられていない分、**わかりやすい結果を出そうとする**からです。そして上司もまた、管理しやすい、わかりやすい成果を求めます。そのように仕事を続けるうちに、いつのまにか**わかりにくい成果=長期のタスクの目標**から業務がズレていることになりがちです。長期的な成果を意識してあげていくためにも、**長期と短期を同時に把握するマネジメント力**を身につけなければなりません。

097

テレワーク時代の成果の見せ方

（仕事の「タスク化・数値化」を利用する）

テレワーク時代に上司に仕事の成果を見せるもうひとつの方法は、できるだけ自分の仕事を**「数値化」**することです。営業職等でない限り成果を数値化するのは一見難しそうですが、**「０８４ 仕事をタスク化・数値化する」**で紹介したタスク管理の表を使えば、上司にもわかりやすい仕事の数値化が可能になります。「これはシステムエンジニアの例だから、プログラム作成の工数が計算できるんだろう」という人もいるかもしれませんが、そうではありません。たとえば総務部門の人なら、**「社会保険手続き＝１.５人日」「給与計算＝４人日」「勤務表集計＝２人日」**等、システムエンジニアよりクリアに自らの作業工数が割り出せるはずです。

仕事をタスク化・数値化する

5.5日の工数オーバー
↑

仕事	見積工数（日）	開始日	完了日	11月													
				1	2	3	4	5	6	7	8	9	10	11	12	13	14
				日	月	火	水	木	金	土	日	月	火	水	木	金	土
1か月の作業	25.5																
客先A	21																
プログラム作成	14	11/2	11/19		1.0	1.0	1.0	1.0	1.0			1.0	1.0	1.0	1.0	1.0	
単体テスト	4	11/20	11/25														
システム修正	3	11/26	11/30														
客先B	3																

タスク化・数値化することによって仕事を見える化することは、何もあなたの「**やってるアピール**」や、**残業時間の証明**のためだけにやるのではありません。見える化によってわかったオーバーワークを、これからあなたがいかに**業務改善して効率化していくのか、会社のコスト削減につなげていくのかをアピールするチャンス**でもあるのです。テレワークをピンチではなくチャンスとみていくことこそが、テレワーク時代の正しい働き方なのです。

098

Web会議のマナー

Web会議に参加する際に気をつけるべきマナーは、つなぐまでの**環境の整備**、つないでいるあいだのあなたの**ふるまい**、そして、Web会議独特の**会話の基本**です。直接話しているわけではないので、やりとりできるのはお互いの**音声**と**画像**のみ。だから、クリアな音と画像を送るための最低の気遣いは必要です。通信をするだけのために着替えたり化粧をするのは確かに面倒なことですが、**Web会議は「外」という意識**を常に持つようにしましょう。実際の会話に必要なのは、しっかり「間」をとって**音声の途切れをなくす**こと、自分が話すときは「〇〇です」と**名乗ってから話す**ことが、伝わりやすい会話のコツとなります。

Web会議のマナー

環境の整備

- 通信環境を整える
- 聞こえやすいマイクを使用する
- 騒音に注意する
- 身だしなみや髪型に気を配る
- 背景に注意する（バーチャル背景を使う）
- 逆光はNG
- 発言するとき以外は自分のマイクをOFFにする

ふるまい

- カメラ目線で話す
- モゴモゴしゃべらない
- 無表情のままでいない
- リアクションをする

会話の基本

- 自分が発言することを伝えてから話す
- 話の「間」を取る
- 一人で話し続けない
- 人の発言に自分の発言をかぶせない
- 事前に議題を共有する

かんたんチェック！

自分の立ち位置を把握するための書き込みノート

テレワークにおける働き方の現実について考えてみましょう。

● テレワークの環境が整っていますか？ 人に見せられる部屋がありますか？

● 在宅勤務でのオンとオフはきちんと使い分けられていますか？

● 会社の人と会わなくても情報交換や情報共有ができていますか？

● 仕事の成果を数値で把握して上司に説明することができますか？

おわりに

人生の利益とは

会社における売上に対して仕入や経費があるように、
事業主でない会社員にも必要経費があります。
あなたの身体は給料を稼ぐための元手であり、
元手を維持するために経費がかかるのは当然のことだからです。
人生の「売上・原価・利益」を考えることが社会人としてのスタートなのです。

099

最後にお金の話
―― 会社員の必要経費とは？

最後に、**お金と税金の話**をしてこの本を締めたいと思います。

会社員には、**原則として経費が認められません**。**個人事業主**の場合は、収入から必要経費を差し引いた所得について税金を計算するので、**必要経費が認められる分、所得を減らすことができ税額が軽減されます**。しかし、会社員などの給与所得には必要経費などの控除がないため（※特定支出控除については次項）、それに類するものとして**給与所得控除**という控除枠が設けられています。この給与所得控除額は、**会社員の必要経費**と呼ばれています。

必要経費は55万円から195万円まで認められている！

給与等の収入	給与所得控除（2020年から）
162.5万円以下	55万円
162.5万円超～180万円以下	収入金額×40%－10万円
180万円超～360万円以下	収入金額×30%＋8万円
360万円超～660万円以下	収入金額×20%＋44万円
660万円超～850万円以下	収入金額×10%＋110万円
850万円超	195万円

（出典：国税庁「給与所得控除」より）

● 給与所得控除の計算式（年収500万円の場合）

500万円×20%＋44万円
＝144万円 の控除

つまりは、年収が500万円の人には年間144万円までが必要経費と考えられているといえます。**毎日会社へ着ていくスーツ代や靴代**、仕事のあいだ**一休みするためのお茶代や軽食代**など、日々の生活費の一部は間違いなくあなたが500万円稼ぐために必要な経費だからです。

100

社会人は身体が資本
―― 人生の「売上・原価・利益」を考える

給与所得控除でなく、実際に会社員の経費計上ができるのが**特定支出控除**の制度です。給与所得控除額の**半分を超える経費**を実際に使った場合は、**特定支出控除**という名目でその金額も控除されます。年収500万円の人なら72万円（144万円÷2）以上の経費が控除となります。毎日着ていく**スーツ代**や仕事で使う本などの**資料費**、資格を取るための**資格取得費**、さらに会社から認められずに**自腹を切って払ったお客様との飲食代**や、転任や単身赴任にともなう**転居費や帰宅旅費**まで、まさに会社員の動きに合わせた経費が広く認められているのです（ただし、会社側の証明書が必要）。

特定支出控除の計算式

● 特定支出控除のイメージ

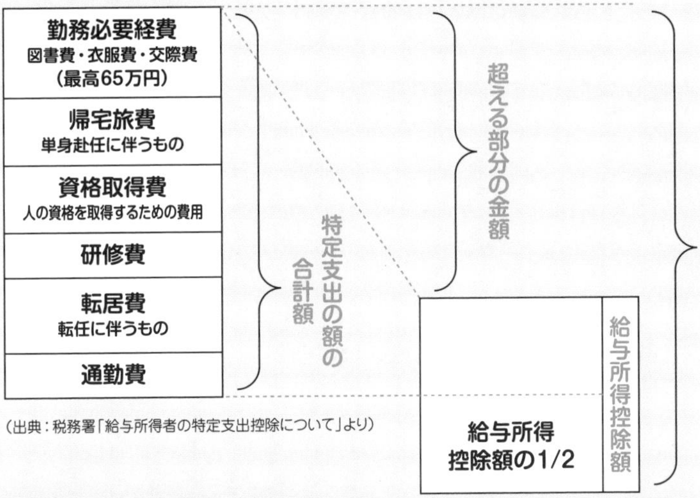

（出典：税務署「給与所得者の特定支出控除について」より）

● 特定支出控除の計算式
（年収500万円の人が100万円の経費を使った場合）

100万円－（144万円（給与所得控除）**÷2＝72万円）＝28万円**（特定支出控除）

144万円（給与所得控除）**＋28万円**（特定支出控除）**＝172万円の控除**

「身体が資本」という言葉がありますが、まさにあなたの身体は**給料を稼ぐための元手**であり、元手を維持するために**経費がかかるのは当然**のことです。あなたが将来、**起業をしたり自営業を営む**こともあるかもしれません。支払いのときにもらうレシートや領収書はムダなものだと思って捨ててしまわないで、しっかり保管して**必要経費を把握する**クセをつけましょう。社会人として**会社の利益を考えるように、人生の「売上・原価・利益」を考える**ことが、社会人としての最初の一歩なのです。

かんたんチェック!

自分の立ち位置を把握するための書き込みノート

稼ぐお金と必要経費に関するあなたの感覚について考えてみましょう。

● 給料から差し引かれている金額（税金・保険）について精査したことはありますか？

● 会社員に確定申告は必要ないと思いますか？

● 買い物をしたときのレシートを捨ててしまっていませんか？

● スーツや靴、仕事のための本などは個人の買い物だと思っていますか？

【参考文献】

『140文字とイラストで世界一わかりやすいバード博士の仕事ゼミ 基本編』（アイ・イーシー）
『さすが!と言われる ビジネスマナー 完全版』（高橋書店）
『最新ビジネスマナーと今さら聞けない仕事の超基本』（石川和男監修・宮本ゆみ子著／朝日新聞出版）
『入社1年目でマスターしないと恥をかく 仕事の基本見るだけノート』（平野敦士カール監修／宝島社）
『しなくていい努力 日々の仕事の6割はムダだった！』（堀田孝治著／集英社）
『企業方程式―利益拡大のシミュレーション』（西順一郎著／ソーテック社）
『入社1年目の教科書』（岩瀬大輔著／ダイヤモンド社）
『これからのテレワーク――新しい時代の働き方の教科書』（片桐あい著／自由国民社）
『7つの習慣』（スティーブン・R.コヴィー著／キングベアー出版）
『カエルを食べてしまえ！』（ブライアン・トレーシー著／三笠書房）
『寝ている間も仕事が片づく超脳力』（中井隆栄著／幻冬舎）
『わかりやすく〈伝える〉技術』（池上彰著／講談社）
『サバイバル組織術』（佐藤優著／文藝春秋）

プレジデントオンライン「手取り25万貰うにはいくら稼げばいいか？」
（染谷 和巳・アイウィル代表取締役）
https://president.jp/articles/-/9187?page=2

東洋経済オンライン「職場の「ムダ業務」を愛するダメ課長の3タイプ」
（川島 高之・NPO法人コヂカラ・ニッポン代表）
https://toyokeizai.net/articles/-/265080

ニッセイ基礎研究所ホームページ「経営陣は誰のために働くのか」
（松澤 登・ニッセイ基礎研究所 保険研究部 取締役 研究理事・ジェロントロジー推進室兼任）
https://www.nli-research.co.jp/report/detail/id=62920?site=nli

◉編著：ビジネスのしくみ研究会

アフターコロナ時代の働き方を真剣に考えるために結成！ 編集、ライター、デザイナー、イラストレーターによる制作グループ。ビジネスにおける様々なしくみを、図や文章、イラストを使って「おもしろく」「わかりやすく」解説する。

1分でわかる！
仕事の基本とビジネスマナー

2021年4月25日　初版第1刷発行

編集&著者　ビジネスのしくみ研究会
編集協力　板倉 義和
装丁・DTP　テラカワ アキヒロ（Design Office TERRA）
イラスト　内山 弘隆

編集　三田 智朗
営業　井越 慧美

発行者　石井 悟
発行所　株式会社 自由国民社
〒171-0033 東京都豊島区高田3-10-11
営業部／TEL：03-6233-0781
編集部／TEL：03-6233-0786
印刷所　株式会社光邦
製本所　新風製本株式会社

©2021 Printed in Japan　ISBN 978-4-426-12702-2

本文記載の無断複写・転載を禁じます。落丁・乱丁はお取り替えいたします。